美味しい、楽しい、感動があるから、お客様は来てくれる

ダントツ地域No.1ハンバーガーチェーン・
ラッキーピエロの独自化戦略

王一郎

ダイヤモンド社

はじめに

ラッキーピエロの1号店を開店して来年で30年になります。お店の数は17店舗まで増えましたが、ゆっくりしたペースだといわれます。ゆっくりていねいに一つひとつ好きなテーマを持たせながら、個性的な店をつくってきました。

正直な話、急いで拡大しようと思ったことは一度もありません。1号店をオープンしたらお客様に行列して待っていただくようになりました。当然、別の店をつくらなくてはならないと考えました。しかしもう1店オープンするには支えてくれるスタッフが必要で、彼らを一人前に育てるためには時間がかかります。機が熟したと思ってから新しいお店をつくることにしました。

大手ナショナルチェーンさんなら、チャンスと見れば一気呵成に店舗数を増やし、市場を占有しようとするでしょう。それが正しいドミナント戦略というものです。しかし、私は自分が納得したら店を増やそうと、真逆の道を選びました。

ラッキーピエロの「真逆」はいくつかあります。たとえば、原価率はセオリーを無視するくらいに高く、スタッフがあきれるほどの手間をかけたメニューを開発します。また1

店1店それぞれに違ったメニューを用意しています。こんなことをするナショナルチェーンは見かけません。

地元へのこだわりもそうです。「人気があるんだから、全国展開すればいいでしょう」とよくいわれます。

これもムリです。地元の食材、野菜やお肉を使ってお客様に食べていただきたいからです。冷凍物は使わず、できるだけ減農薬の野菜を使います。お客様に新鮮で美味しいものを食べていただくには、出店するエリアは限られます。

地産地食を実現するために地元の農家さん、八百屋さん、畜産家の皆さんたちと交流させていただき、もっと函館が好きになりました。ますます地元と共に生きていきたいと思うようになりました。そこで、地元をよくするための清掃活動や募金活動などのボランティアも手がけはじめました。これからのビジネス社会では「持続可能」がキーワードとなり、新しいライフスタイルマーケットを創り出すことが求められているのです。

中小企業の経営者の方々であればおわかりいただけるでしょうが、大手さんと同じことをやっていたのでは、到底勝つことはできません。生き残ることすら難しい。

ではどうやって戦うことができるのか。私の経験が少しでも皆さんのお役に立てればと考え、本書を上梓することにしました。

もう一つ、本書を書いた理由があります。

地方都市である函館では、ご多分に漏れず毎年人口が減っています。「地方再生」という掛け声こそ聞こえますが、現実には、地方の活力が奪われつつあるのを日々感じています。その疲弊は深刻なものであり、新しい活力と共に活性化のアイディアが各地で求められています。

日本全国に同じような町がたくさんあります。そうした地元に生きる方々に共感をもっていただきたい。本書が何かのお役に立てれば嬉しい。そんな思いも理由の一つです。

今年3月、北海道新幹線が開通しました。これを機会にお客様をもっとたくさんお迎えしたいと、函館市民は切に願っています。私どももいろいろ作戦を練っています。

「地域と共にあり、地域に役立つことがあれば、地域によって生かされるはずだ」

人と地域と商いの良好なリンケージを本書によって伝えたいと考えました。読者であり経営者でもある皆さまのご高評をいただければ幸いです。

目次

第2章

成功するための経営の技術と心

第3章

繁盛する店とはどんな店か

第4章 スタッフこそが価値の源泉

スタッフへの手紙

第5章

地方再生は函館から

第1章

こうして地域一番店ができた

すべてはここから始まった

ベイエリア本店（１号店）

商人道のスタート

「店は客のためにある」
「正しきにより滅ぶる店あれば滅びても良し、断じて滅びず」
「損得より先に善悪を考えよう」

1975年、私が33歳のときでした。この年、出版社『商業界』が主催する経営セミナーに初めて参加し、そこで聞いた言葉に衝撃を受けたのです。

そのセミナーには飲食・菓子業界の経営者たちも集まるらしい、という話を聞いていた私は、何か一つでも参考になる経営の話を諸先輩方から聞けたらそれでいい、というくらいの軽い気持ちで参加したのですが、あにはからんや、セミナーで聞かされた話は〝目からウロコ〟の連続でした。

他にも心に残る言葉がいくつもありました。「顧客の幸せを考えない経営者は真の経営者ではない」「顧客に有利な商いを毎日続けよ」「満足した顧客は最高の販売員であり、広報マンである」「会社はスタッフと共に栄えるものである」「経営には技術が必要だが、心もなければならない」……。初めて耳にする言葉の数々に私は目を見開かせられる思いで聞き入りました。

話は、商売とは何かから始まって、生きるとは何か、人生とは何かということにまで及び、何かしら哲学の講義を聞いている気分になってきます。ああ、経営とはこんなにも深いものだったのか。無知であったといわれればそれまでですが、「経営とは煎じ詰めればいかに儲けるか、だ」くらいにしか考えてこなかった私にとって、見るもの聞くものすべてが新鮮そのものです。一発で心を鷲掴みにされた私は、それから現在に至るまでセミナーには一度も欠かすことなく参加し続けています。その結果、頭で理解するだけでなく、私自身の意識が多少なりとも変わってきたような気がします。

それまでの自分にはスタッフに対する理解も愛情も足りず、「俺がこんなに頑張っているのに、君たちはなぜ怠けることばかり考えているんだ」と不平と不満の心を働かせていました。自分中心にものごとを考えていたのです。それが、セミナーに参加してからというもの、「自分が豊かになるための」仕事から、「お客様に満足していただくための」仕事、「スタッフと心を通わせる」仕事になりました。

そして「自分磨き」がいちばん大事だという大きな気づきがありました。私のことをご存じの人のなかには、「王さんねえ、そんなに変わっていませんよ。昔のままですよ」とおっしゃる向きもあるかもしれません。けれど、私のなかでは明確に変わりました。『商業界』に出会って、レストラン業への業態転換がスタートしました。

ラッキーピエロ1号店開店

函館で最初に開いた店は「絨毯スナック　ピノキオ」というパブでした。靴を脱いで上がるいわゆる絨毯スナックで従業員は男性ばかり。中華料理を食べながらお酒を飲んでもらうという「真面目な」コンセプトが当たり、繁盛しました。次はピザハウス「ジャックと豆の木」。以降「バイキングパブ　海賊船」「舶来居酒屋　函館物語」「DJパブ　テニスレディ」……。「たこたこ上がれ」という焼鳥の炉端焼きの店もありました。その後、パブからレストラン業に進出したいと考えるようになりました。それが『商業界』に出会うころです。そして「チャイニーズレストラン　シルクロード」と洋食のレストラン「ポパイのほうれん草」を開店します。流行を追い続けなければならないパブの仕事より、親から子どもへお客様がつながって歴史を重ねられるレストラン業が望ましいと考えました。

ラッキーピエロ１号店出店の話が持ち上がったのは、『商業界』のセミナーに参加するようになってから11年ほど経ったころでした。

１９８６年当時、函館は観光都市として全国的に知れわたっていましたが、現在の観光スポット、ベイエリア・倉庫街の開発はまだ始まっておらず、開発計画すら発表されていませんでした。しかし私は、生まれ故郷の神戸で港町の、観光地としての発展の様子を見ていましたし、サンフランシスコの有名な観光地・フィッシャーマンズワーフを視察した経験に照らし合わせて考えると、函館のベイエリア・倉庫街が一大観光スポットになるのは確実と確信しました。当時の私の勘は冴えていたんだと思います。函館は北海道・東北を代表する観光スポットになるかもしれないと思うが早いか、私はめぼしい物件を確保し、新規事業の準備に取りかかったのでした。

レストランをやろうと決めていましたが、残された課題は何をメインメニューにするかでした。当時は「シルクロード」の中華の技術、「ポパイのほうれん草」の洋食の技術が私の武器でした。そして考えたのがホットドッグでした。安くて美味しく、めちゃくちゃ個性的で、発売直後から話題にのぼりそうなホットドッグを開発すれば面白いのではないか。そう考えて私は評判店の試食巡りなどして、精力的にホットドッグの研究を重ねました。

が、どうもしっくりこない。まるで気がつきませんでしたけれど、ホットドッグは個性というか特徴を出しにくい食品で、いくら工夫しても似たりよったりのホットドッグに見えてしまうのです。アイディアや創造性なら人後に落ちないと自負していた私も、これにはほとほと困り果ててしまいました。

ある日、私はアメリカ在住の知人に電話で「ホットドッグのお店でもやろうかと思っているんだけど」と告げました。するとその知人はホットドッグよりハンバーガーのほうがチャンスがあるんじゃないか、と応え、その理由について次のように語ってくれました。

「アメリカには王さん、日本より強力な全国チェーンがあるけど、誰でもかれでも全国チェーンへ行くわけじゃない。むしろ、特色のあるハンバーガーを提供してくれるパパさんママさん経営のハンバーガーショップがたくさんあって、けっこう混んでいる。だから、日本でも美味しくて個性的なハンバーガーをつくれば流行るんじゃないの」

アメリカではパパさんママさん経営のハンバーガーショップが繁盛している？　本当だろうか。にわかには信じられない話です。そこで自分の目で確かめてやろうとばかりアメリカの東ロサンゼルスへ調査に行ったところ、知人の言ったとおりパパさんママさん経営のハンバーガーショップがたくさんあって、どの店もけっこうな賑わいを見せていました。中には大勢の人が列を成しているショップもありました。

これで決まりです。ハンバーガーショップをやろう！　私は研究対象をホットドッグからハンバーガーに切り替えました。

何のお店をやるにせよ、店を出すかぎりは函館の名物店、地域一番店を目指そう。私は前々から、そう心に固く誓っていました。しかし、地域一番店になるには一番になれるだけのメニュー、名物メニューがなければなりません。その名物メニューをつくるため全国ハンバーガーチェーンを食べ歩いたところ、チキンに力を入れているところが一つもないことに気がつきました。

よし、「シルクロード」のいちばんの人気メニュー、鶏の味付け唐揚げを参考にして、チキンバーガーをメインメニューにしようと考えました。

それからは、来る日も来る日もチキンバーガーの試作と試食の繰り返しです。チキンの味付け、他の具材との組み合わせなど、研究に研究を重ねました。その結果、誕生したのが「チャイニーズチキンバーガー」です。ウチのお店では絶対につくり置きはせず、注文をいただいてから調理を始めることに決めました。そのほかすべて手づくりで、冷凍品は一切使用しないといったことなども決めました。効率を重視する大手全国チェーンでこういうことをやっているところは一つとしてありませんでしたし、できたてアツアツを出すのがいちばん美味しくてお客様に喜ばれるだろうという気持ちが強かったように思いま

チャイニーズチキンバーガーのルーツを辿ると、筆者の「おふくろの味」に行き着く。王家では、お客様へのおもてなしにチキン料理がよく饗されていた。思い出の味がハンバーガーとして蘇り、ラッキーピエロの人気No.1 メニューになった。

す。

また、１つのボールから53個のハンバーグを手でこね上げるという決まりもつくりました。レタス、マヨネーズと中華風の味付けが施された唐揚げが３個も挟まったこのバーガーの重さは１２０グラム。全国チェーンの平均が60グラムですから、圧倒的ボリューム感です。それでいて設定料金は３５０円（税別）。これほどリーズナブルなフードはほかにありません。

かくして準備万端整ったところで、記念すべきラッキーピエロ1号店（ベイエリア本店）は１９８７年の６月に開店の運びとなったのです。幸いなことに近所に飲食店が1軒しかなかったこともあり、お店は開店早々、長蛇の列ができるほどの大盛況。メインメニューのチャイニーズチキンバーガーがとりわけ好評で、たちまち人々の噂にのぼるようになりました。

チャイニーズチキンバーガーは人気を博し、やがて、函館市民に「函館の名物は？」と尋ねたら即座に「ラッピ（ラッキーピエロ）のチャイチキ（チャイニーズチキンバーガー）」という返事が返ってくるほどの函館名物に育っていきました。そして今日では、人口26万６０００人の函館で年間30万食を売り上げ、メインメニューとして不動の地位を占めるに至っています。

とにもかくにもラッキーピエロ1号店は成功しました。大成功といっても許されると思います。この望外の結果を得て、ラッキーピエロを1店舗ずつ個性的な店を積み上げていこうと考えたのでした。

富士山の次に高い山の名を知っているか

2015年4月、ラッキーピエロの17番目の最新鋭店として、マリーナ末広店がオープンしました。これでラッキーピエログループは函館市内に13店舗、道南に4店舗を構えたことになります。対して大手全国チェーン店は全部合せても9店舗ですから、店舗数的には圧勝です。ちなみに出店エリアの人口は全部合せても36万人程度です。それだけの商圏で17店舗を構えるということは、人口195万人の札幌市に当てはめると90店舗をオーバーする計算になります。

1号店のオープンが1987年ですから、ここまで来るのに28年の歳月を要したことになります。人材が育ってきたら店を増やす。店が混み合うようになってきたら次の店を出す。そんな考えから地道に店舗を増やしました。早く成長軌道に乗せたいと、人も育っていないのに背伸びをしてもおそらく上手くいかなかったでしょう。すべてはお客様のための思いに徹した結果、時間はかかりましたが、ようやく地域ナンバーワンのハンバーガー店になることができました。

日本一高い山はもちろん富士山ですが、では、二番目に高い山はどこでしょうと聞くと、即座に答えられる方はあまりいません。答えは、３１９３メートルの南アルプス・北岳です。富士山との差、たかだか５８３メートルにすぎません。たったこれだけの差で、片や世界的名山、片や日本人にも知られていない山という違いが生じるのです。だから私は道南で一番になりたかった。その熱意はずっと持ち続けていました。ただし、日本全国でなく町で一番でいいのです。なぜなら函館の町で一番になれば、モノと情報はそこに集中するからです。

このことを別の角度からご説明しましょう。たとえば、学校を出て就職したいとき、業界一位の会社で、それが叶わぬならせめて大企業で働きたいと願うのが人情というものです。しかし、日本の企業に占める大企業の割合はたったの５％でしかなく、残りの95％は中小零細企業です。ということは、日本人の大部分が中小零細企業で働いているということになるわけですけれど、そういう人たちが学生時代、学校で習ったのは何かというと強者の理論です。そんなものを弱者である中小零細企業に持ち込んでも役に立たないばかりか混乱を引き起こすだけなのですが、日本の学校は相変わらず強者の理論優先で、弱者のための理論や戦略が教えられることはほとんどありません。

では、弱者の理論ないし戦略とは何かといえば、戦国時代、３０００兵の織田信長軍が約10倍の今川義元軍に勝利した桶狭間の戦いこそが典型的な弱者の戦略といわれています。世紀の合戦を前にして信長が採った戦略は、今川軍を桶狭間と呼ばれる狭い窪地に誘い出し、一対一の戦いに持ち込んで敵の数的優位性を封じ込めることでした。この作戦が功を奏して歴史的勝利を収めることができましたが、このときもし信長が数の上では圧倒的に不利であることを忘れて、10倍の敵と四つに組む戦略を採っていたら、為す術なく大敗していたことでしょう。

ともあれ、桶狭間の戦いにおける信長の戦法が弱者の戦略の典型的なものとされています。そして、弱者の戦略はそれだけではなく、私たちが挑戦してきた「地域一番店主義」も弱者が強者を倒すための方策であり、うまく活用すれば強力なパワーを発揮します。

全国一は無理としても、小さくセグメントされた地域で一番になるのは夢ではない。さらに、シェア74％を獲得するほどのダントツの「地域一番店」になってしまえば、もはやちょっとやそっとのことでは揺らぐことのない、盤石の経営基盤が築けると、販売戦略のバイブルといわれる「ランチェスター戦略」は教えています。

わがラッキーピエロは74%にはまだ手が届きません。でも、いままでどおり地元函館の人を大切にし、また力を頂戴しながらやっていけば、いつかは到達できるだろうと思っています。それまでは倦《う》まず、弛《たゆ》まず、焦らずに、これまでどおりのペースで頑張っていく所存です。

爆発的に増えたメニュー

1号店開店の話から最新鋭店の話へといきなり飛んだので、戸惑っている方もいらっしゃるのではないかと思いますが、ここからは時系列を追うのではなく、初期のラッキーピエロと最近のラッキーピエロを比較しながら29年間の流れを概観したいと思います。

さて、初期と最近の相違は数々ありますが、その最大なものとしてはやはりメニューを挙げなければならないでしょう。1号店を出したときのメニューはどうだったかというと、ハンバーガーのみの8品目でした。そこからスタートして、店舗数の拡大とともにメニューも増えていき、近年では150品をオーバーしています。ハンバーガーだけでも人気の「チャイチキ」(チャイニーズチキンバーガー)のほか、イカを使った「イカ踊りバーガー」やホタテを使った「土方歳三ホタテバーガー」など22品目に及びますし、カレーライスやオムライス、店舗によってはスパゲッティ、カツ丼やラーメンまでラインナップされています。

なぜ、ここまで手広くやるようになったのかといえば、「カレーライスが食べたい」「オムライスもあったらもっといいのに」といったお客様のご要望に応えているうちにメニューが拡大してしまった、というのが正直なところです。

たしかにメニューの数は飛躍的に増えました。そんなに増やしたら在庫管理がたいへんだろうと心配してくださる方もいます。でも、心配ご無用。増えているように見えて、その実、さほど増えてはいないのです。ハンバーガーに使用する具材を組み合わせることでバリエーションを持たせているからです。極端にいえば、ハンバーガーに挟んでいる素材が、カレーライスやオムライスに乗っかっている。つまり、メニューを広げる一方で、仕入れの品目数を減らす努力、最低限、増やさない努力をしているわけです。

ついでに新規メニューの開発について触れておきますと、昔は私がこれを一人で担当していました。けれどいまは違います。スタッフはもちろん、お客様や取引業者からメニュー案を公募し、投票で決めています。インターネットの力も大きかった。いまは毎年「ＭＹバーガーアイデアコンテスト」や「ＭＹカレーアイデアコンテスト」を実施していますが、

1回の公募で400を超えるメニュー案が集まります。ありがたいことです。

人口の少ない地方の飲食業者にとって、いかにリピーターを確保するかが生きるか死ぬかの分水嶺になるといわれています。それを考えたら最も大事なのがメニューであり、美味しさになります。ラッキーピエロの場合、お客様や取引業者を巻き込んだ新メニューづくりに取り組んできたことが、結果的に何度足を運んでも飽きない店づくりにつながったのではないかと思っています。

地産地食へ向けて

メニューに関する話をもう一つ。1号店を出店した当初、味と食材の安全性に特段のこだわりを持っていた私どもは、「全国のいい素材を使って最高に美味しい商品をつくろう」という方針を打ち出し、可能なかぎりその方針を遵守するよう努めてきました。たとえば醤油は、遺伝子組み換え大豆とは無縁の国産大豆100%の醤油、お米は東北産の「ひとめぼれ」、塩は沖縄の青く美しい海でつくられる「シママース」といった具合です。もちろん、これだけ素材にこだわれば原価率はたちまちハネ上がります。

おかげさまで各店舗は連日大入り満員とまではいかないまでも、お客様で賑わっていま す。それをご覧になって「ああ、上手くやっているな」と思う向きもあるかもしれません が、しかし、私どもの商いは、原価率に見合う数のお客様に足を運んでいただかないかぎ り利益が出ないという、たいへんに厳しい商売です。

ちょっと話が横道にそれました。食材の仕入先の話に戻しますと、スタートしたころの ラッキーピエロは前述したように、「全国のいい素材を使って最高に美味しい商品をつく ろう」という方針のもと、事業を展開していました。それがいつのころからか、「地元の いいものを発掘して積極的に使っていこう」というように変化していき、それはやがて、「わ れわれは地元函館に徹底的に密着してやっていくのだ」という戦略レベルの話になりまし た。地元に密着すればお互いに楽しくなるし、信頼し合えるし、地元函館の経済に多少な りとも貢献できるのだから、お米も野菜も可能なかぎり道南産を使おう、道南で手に入ら ないものは北海道産を使おう、ということになったのです。

直接のきっかけは函館の地元農家の2世、3世の勉強会に私が呼ばれたことでした。そ の際に、ウチは地元の食材を使いたいんだけど、なんとかならないですかとお願いしたの がそもそもの始まりです。そしてある日、大野町（現北斗市）の町長さんからこう告げら れるのです。

「あなたは『地元のものを使いたい』とあちこちで言っているらしいけど、新しい道南米をぜひ一度、試食をしてみてください。あまりの美味しさに、きっとびっくりされると思いますよ」

それはようやく完成を見た、まだ名前もないおコメでした。2003年に北海道立道南農業試験場が開発した新種米でした。

私は、町長さんの勧めに従い試食をしてみることにしました。すると美味しい。もしかすると従来ラッキーピエロ全店で使ってきた山形産の「ひとめぼれ」よりうまいかもしれない。私はさっそく店長やスタッフを集め、目隠しをさせたうえで食べ比べをしてもらいました。そうしたところ圧倒的に支持されたのです。そこで完成まで1年待つことになりましたが、2004年10月から全面的にこのコメに切り替えることにしました。初年度は全生産量の2割を契約しました。

1粒1粒がふっくらとして美味しそうなイメージで売り出そうと、「ふっくりんこ」という可愛らしいネーミングで売り出すことが決められました。当時は、ブランディングの重要性など認知されておらず、生産者といっしょになって、私もできるだけ応援することにしました。

全店で「新米ふっくりんこ祭り」を展開し、一部メニューの割引や新米のプレゼントを

多くの観光客でにぎわう五稜郭公園前店のテーマは、「エンジェルたちのおしゃべり」。ゆったりとした店内は数多くの天使の絵画とオブジェで飾られており、お客様の笑顔が満ちあふれている。メニューはハンバーガー以外に、カレー、オムライス、スパゲッティなども。

行い、また、五稜郭公園前店ではふっくりんこの苗をプレゼントしてバケツ栽培を呼びかけるなど、ふっくりんこの普及に向けて大々的な活動を行いました。生産者の熱い思いをお客様に伝えるべく、名前と顔写真の入ったポスターを店内に掲示して、またネットでも紹介し、お客様自身が確認できるようにしました。

そういう姿勢を農協さんが評価してくれたのでしょう。私が「ウチは米だけでなく、野菜も肉も地元産にしたいんですよ」と言うと、瞬く間に仕入れルートを確保してくれるようになりました。

その結果、おコメは100%ふっくりんこ。レタス、トマトはできるだけ農薬・化学肥料に頼らない方法で育てられた北斗大野産。その他タマネギ、ジャガイモ、ニンジン、キュウリも含めて、期間が許す限り北海道産を使うようにしています。また、牛、豚、鶏、卵、牛乳、フランクフルトまで北海道産を優先的に使用。「地産地食」に取り組んでいます。

いま現在、地元産を85%まで伸ばすことができています。「おコメなら年間150トン、トマトなら半年、レタスなら5カ月間はリレー式で調達できています」などと、どれくらい地元産の食材を使っているかという報告を、年に1回チラシに載せてお知らせするといった地道な活動をこれからも進めていきます。

地元産にこだわる背景には、もちろんお世話になっている函館の発展に貢献したい、地元の農家の皆さんのお役に立ちたいという熱い思いがあります。それとは別に「身土不二《しんどふじ》」という考え方があります。これは仏教から来た言葉で、「生物と環境は一体であり、その土地で生産された食物を食べると健康で長生きができる」という、地産地食のベースになる考え方です。

あるいはまた、「フード・マイレージ」の考え方もあります。「フード・マイレージ」とは、食料が消費者の口に入るまでにどれくらいの距離を運ばれてきたのかを数字で表わしたもので、なるべく近くで生産された食料を消費することで、輸送にかかるエネルギーや、燃料消費にともなう環境負荷を軽減しようという考え方です。

「身土不二」と「フード・マイレージ」。この二つの考え方に後押しされるかたちでわれわれラッキーピエロのスタッフは、地元函館のためにという思いを胸に、地産地消に取り組んでいったのです。

個性あふれる各店舗

初期のころと最近の違いの三番目は、店舗数の違いです。1号店であるベイエリア店を出したのが１９８７年。17店舗目のマリーナ末広店のオープンが1号店から数えて28年目。「店舗数」とは当たり前の話ですが、特筆できるのは、いずれのお店も開店以来、業績が落ち込んだことが一度もないことです。リーマンショックのときでさえ対前年度比はプラスでした。17の店舗それぞれに異なったテーマを設定し、そのテーマに沿った店づくりができたことがお客様に喜ばれている理由だと思います。

ご来店されたことのある方にはいちいち説明するまでもないことでしょうが、たとえば「プレスリーが青春だった」をテーマにつくられた港北大前店では、壁一面にプレスリーのポートレートが飾られていて、居ながらにして１９５０年代のアメリカの雰囲気を味わうことができますし、「森の中のメリーゴーランド」がテーマの1号店（ベイエリア店）では、店内のテーブル席の椅子がブランコになっていて、あたかも森の中のメリーゴーランドに揺られながらハンバーガーを食べる気分に浸れる、といった趣向が凝らされています。そのほか、サンタクロースの置物が所狭しと並ぶ十字街銀座店（テーマ「サンタが函館にやってきた」）や、オードリー・ヘップバーンの写真が壁一面を埋めつくす江差入口前店（テーマ「オードリー・ヘップバーンが憧れだった」）、１９３０年～１９５０年代の映画のポスターが６５０枚も壁に貼られている美原店（テーマ「僕らは皆んな映画青年だった」）など、どのお店にもお客様を飽きさせない最大限の工夫が施されています。

聖堂を思わせる建物のそばで風車が風の音を奏でている。郊外の佇まいにとけ込んだ戸倉店に一歩足を踏み入れると、ここはハンバーガー発祥の地・アメリカ。天井にハンバーガーショップのポスターが 400 枚、壁には額縁に入った 150 枚の写真が飾られている。ゆったりとした空間にある 76 席はすべてがボックス席で、駐車場も広々。ハンバーガーの歴史に思いをはせながら、函館ラッピの味を堪能することができる。

江差入口前店は「オードリー・ヘップバーンが憧れだった」がテーマ。「ローマの休日」で世界を魅了したオードリーの写真が数多く飾られている。エントランス左には地元産の木材を使ったウッドデッキが設置されており、季節を感じながら美味しさを楽しむことができる。

「僕らは皆んな映画青年だった」―― 1930 ~ 90年代のさまざまな映画のポスター650点が、店内の壁一面に所狭しと掲げられているのが美原店である。家電量販店や家具店など郊外型店舗がひしめくこのエリアは地元客が中心。青春時代にかつて観た映画の思い出に浸ることができる。

なかでも全エネルギーを注入してつくったのが、２０１２年の9月に16番目の店舗としてオープンした峠下総本店（第４章扉写真）です。約３０００坪の広大な敷地に、延べ床面積３００坪のログハウス風の店舗を建てました。道南で最大の店舗をつくり、ラッキーピエロのブランド店に育てようと考えました。この店のテーマは「果樹園レストラン　バードウォッチング館」。絶えず鳥のさえずりが響く店の入口には、人の背丈を優に超えるキリンのオブジェが設えられ、壁や天井には野鳥の模型が並べられています。店の外にはバードウォッチングを楽しみたいお客様のために、本物の池も用意しました。地下60メートルからこんこんと湧き出る天然水を楽しむことができる水呑み場も用意しました。

また、店内の壁などに隠された八つのハートを探すとカードがもらえるという、子どもたちが喜びそうな〝ゲーム〟もありますし、季節によってはメリーゴーランドで遊ぶこともできます。

お客様を喜ばせるための仕組みはこれだけではありません。じつは、２０１４年11月１日から２０１５年３月31日までの間、「愛ロマンチックイルミネーション　音と共に輝き出す光の森」と銘打って、ＬＥＤ電球30万個を使ったイルミネーションで１０００坪の庭全体を飾ったのです。このイルミネーションに使われるＬＥＤの数は、さすがに「さっぽろホワイトイルミネーション」には及ばないものの、北海道では二番目。１坪当たりの密度では道内でダントツの一番になります。それだけの大規模イルミネーションの点灯式が夜毎、お客様の手によって行われます。聞くところによると、点灯式が楽しみで毎晩のようにお店に通ってこられるカップルもいるそうです。

さて、ここまで読まれていかがでしょうか。なかには疑問に感じている方もいらっしゃるのではないでしょうか。ハンバーガーの販売装置でしかない店舗になぜ、そんなにもお金をかけるのか、その理由がわからない、と。ごもっともな疑問だと思います。けれど、私に言わせれば理由は簡単です。

ひと昔前までは、安くて美味しいものを提供すれば生き残っていける、といわれていました。でも、安くて美味しいお店が増えたいまは、それだけでは生き残れません。お客様がびっくりして、思わず誰かに伝えたくなるようなメニュー、サービスを提供しないことには生き残るのが難しい時代になったのです。私どもが異常なほどにメニューや店づくりに凝る理由の一つがここにあります。たとえば、「サンタが函館にやってきた」がテーマの十字街銀座店に一歩足を踏み入れた途端、5000体近いサンタクロースが目に飛び込んできます。この体験はすこぶる衝撃的で、どんな人でも思わず知り合いの誰かに伝えたくなるはずです。あるいは峠下総本店を子どもたちが訪れれば、「カードをもらったんだよ」とか「メリーゴーランドに乗ったんだよ」などとパパやママ、あるいはおじいちゃんおばあちゃんに告げたくなるに違いありません。子どもたちがスキップして入ってくる店。子どもたち、パパ・ママ、おじいちゃん・おばあちゃんの三世代の皆が楽しめる店が目標です。

そんな楽しくも驚きの体験をしていただくために、凝りに凝った店づくりに努めているのです。中途半端はいけません。やるからには、つくり手自身が徹底的に楽しむこと。これも大切です。

なぜラッキーピエロは店ごとにテーマが異なり、店のつくりも違うのか。この理由についてもちょっとお答えしておきましょう。私たちが住んでいる地域にはそれぞれ特性があります。函館の町を子細に眺めれば、地域ごとに学生が多い地域、老人が多い地域、観光客が多い地域といった具合にいくつかの顔があります。その地域の顔、地域の特性に合ったメニューや販売方法、店づくりがあっていいと考えているわけです。

そのかぎりで、われわれラッキーピエロの各店舗は一卵性双生児ではなく、兄弟です。DNAは同じでも、それぞれ微妙に顔は違うし、身長は違うし、好みも違う。そうした微妙に違う兄弟たちが切磋琢磨して共に発展していったらいいと考えています。

ちなみに、大手全国チェーンのハンバーガーショップは、まさに一卵性双生児で、どの地域のどのお店もほとんど同じです。店舗運営を効率化して利益の最大化を図るために店舗の標準化に励んでいるのです。つまり、繁盛店をつくる方法論が異なるのです。

ラッキーピエロ店舗一覧

	店名	テーマ	ロケーション
1	峠下総本店	果樹園レストラン バードウォッチング館	北海道新幹線新函館北斗駅より車で７分
2	マリーナ末広店	ベイサイド海上レストランピア館	ベイエリア本店から歩いて２分
3	戸倉店	ハンバーガー歴史館	函館空港より車で５分
4	昭和店	グルメレストラン・テニスレディ館	JR五稜郭駅より車で3分
5	森町赤井川店	陽性のファンタジーボテロ	国道5号線大沼トンネルより車で7分
6	江差入口前店	オードリー・ヘップバーンが憧れだった	元江差駅より車で１５分
7	本通店	ボッティチェリ館	函館空港より車で１５分
8	北斗飯生店	ミュシャ館	道南いさりび鉄道上磯駅より徒歩3分
9	函館駅前店	アールデコ館	JR函館駅より徒歩3分
10	美原店	僕らは皆んな映画青年だった	美原交差点そば
11	港北大前店	プレスリーが青春だった	北海道大学水産学部向かい
12	五稜郭公園前店	エンジェルたちのおしゃべり	五稜郭タワー向かい
13	松陰店	アンリ・ルソーの熱帯楽園	函館空港より車で１５分
14	人見店	グリーンハウス花花花	函館空港より車で１１分
15	本町店	クリムトハウス	市電五稜郭電停前すぐ
16	十字街銀座店	サンタが函館にやってきた	函館駅より車で5分
17	ベイエリア本店	森の中のメリーゴーランド	函館駅より車で５分

17店舗の「ご案内地図」

お口の中に幸せをお届けする
ラッキーピエログループ
ご案内地図
I LOVE HAKODATE
ありがとう！全国ご当地バーガー日本一に輝きました。
至松前
至大沼・札幌
⑤ ラッキーピエロ 森町赤井川店 TEL.01374-5-3323
⑧ ラッキーピエロ 北斗飯生店 TEL.73-1515
④ ラッキーピエロ 昭和店 TEL.44-6600
⑩ ラッキーピエロ 美原店 TEL.46-8988
⑥ ラッキーピエロ 江差入口前店 TEL.0139-52-5553
① ラッキーピエロ 峠下総本店 TEL.66-6566
⑬ ラッキーピエロ 松陰店 TEL.32-1777
⑪ ラッキーピエロ 港北大前店 TEL.42-6550
⑮ ラッキーピエロ 本町店 TEL.56-4469
⑦ ラッキーピエロ 本通店 TEL.53-8080
⑫ ラッキーピエロ 五稜郭公園前店 TEL.55-4424
⑰ ラッキーピエロ ベイエリア本店 TEL.26-2099
⑨ ラッキーピエロ 函館駅前店 TEL.26-8801
五稜郭公園前
函館ドック
◎函館駅
人見線
産業道路
十字街
松風町
⑭ ラッキーピエロ 人見店 TEL.53-7477
トラピスチヌ修道院
自衛隊通
湯の川
② ラッキーピエロ マリーナ末広店 TEL.27-5000
湯の川温泉街
⑯ ラッキーピエロ 十字街銀座店 TEL.23-2300
③ ラッキーピエロ 戸倉店 TEL.59-6688
至恵山
函館空港
立待岬
谷地頭
大森浜

口コミで広まるラッキーピエロの名

情報の発信力でも、1号店開店当時と現在とでは月とスッポンほどの違いがあります。

事業を立ち上げた当初、私はラッキーピエロの存在とチャイニーズチキンバーガーの名をいかに知らしめるかに勝負がかかっていると考えていました。

お店や商品の名前を知らしめるためのいちばん手っ取り早い方法は、広告・宣伝に費用をかけることです。さりとて、中小零細企業にそんな資金があるはずもなく、成り行きに任せるしかほかに方法はないというのがかつての常識でした。インターネットが未発達で、ましてやフェイスブックやツイッターなど姿も形もなかった当時の一般的な考え方です。

しかしながら、そんな時代にあっても、中小零細企業が自社の商品を宣伝する手があったのです。それは何かと尋ねたら、お客様を宣伝・広告マンに仕立ててしまうことでした。要するに、お客様の口コミを活用するわけです。

これは、感動したことがあったら人に伝えずにはいられないという、いわば人間の本能を活用したもので、最も古典的で、かつ最も商いの常道にかなった手法ではないかと思います。が、メディアを使った華々しい宣伝・広告に目を奪われるからなのか、この手法に着目する人はあまり多くはないようです。

私もその1人で、最初のうちは口コミなんていうものを気にかける気持ちなど露ほどもなかった、と言えばいささか大袈裟ですが、正直言ってほとんど関心がありませんでした。ところが、あることをきっかけに口コミの威力をまざまざと知らされることになるのです。

そのあることとは、「ミツバチ族」による口コミです。ミツバチ族とは、毎年夏になると北海道にバイクで渡ってツーリングを楽しむ人たちのことで、エンジンの排気音がミツバチの羽音に似ているところからこう呼ばれるようになったのですが、いつのころからか、彼らが泊まる宿の「思い出ノート」にラッキーピエロで食べたハンバーガーの体験談が書かれるようになったのです。「函館にラッキーピエロというとんでもなく面白い店があるから、函館へ行ったらお前らも食べろよ」「ラッキーピエロを忘れるな。必ず行くべし」……等々。これによって少なくともミツバチ族の間では、ラッキーピエロが一躍、全国区的な存在になったのは間違いないことでした。

ミツバチ族に好まれるようになった要因はおそらく、全国チェーンの2倍ほどもある、ボリューム感満点のハンバーガーにあったのではないかと思います。

バイクに乗っていたら空腹感を覚え、何気なく立ち寄ったハンバーガーショップ。大して期待はしていなかったけれど、出されてきたハンバーガーを見て驚いた。何だこりゃ。

普通の2倍もある超ビッグなハンバーガーじゃないか。それでいて値段はいたってリーズナブルだし、つくり置きせず、注文を取ってから調理を始めるからじつにうまい。こんなハンバーガーショップ、いままで見たことない……多分に経営者の欲目が入っていますけれど、きっとこんな感じだったのでしょう。

ミツバチ族によるこの口コミの一件はまったく予期しないものでした。それだけになおのこと私どもは勇気づけられ、またパワーを頂戴しました。これをきっかけに、マスコミの取材も少しずつ始まりました。

僥倖はそれにとどまりませんでした。今度はもっと大きな僥倖でした。

函館が生んだ有名人というか有名グループに、国民的ロックバンドのGLAYがいます。そのGLAYのメンバーが15年ほど前、「自分たちは函館時代、ラッキーピエロに通いつめていたんだ」という話を全国放送の音楽番組のなかでしてくださったのです。とくにベーシストのJIROさんは、自らプロデュースした単行本『キャラメルブックス』やラジオ番組で「ラッキーピエロには高校生の時代に足繁く通い、スプリングロール（春巻）が大好きだった」といったことを語ってくださいました。その結果、ラッキーピエロの名はGLAYのファンの皆さんを介してたちまち全国に伝わり、GLAYのコンサートが函館で開かれたときには、ラッキーピエロの全店舗がGLAYのファンの皆さんで埋めつくされるほどの活況を呈しました。

この一件でGLAYの人気の凄まじさを改めて認識させられると同時に、口コミの威力をまざまざと知ることになりました。最初のうちこそ地元のメディアからの取材申し込みが多かったものが、次第に日経や毎日、日刊スポーツなどの全国紙、日経ビジネスなどの経済雑誌からの取材依頼も舞い込むようになり、それにともなってラッキーピエロの名もますます全国区になっていきました。

では、ラッキーピエロは全国展開するのかと、聞かれることがあります。そんな気持ちは毛頭なく、函館にいままで以上に密着していくつもりです。ただし、全国的に知られるようになったことは、観光客対策としてきわめて重要ですし、スタッフのモチベーションも高まることですので、ありがたいと考えています。

独創的メニューで話題づくり

これまでの経験を考えたら、今後とも全国、地元を問わずメディア対策は十全にやっていく必要があります。しかし、人の心は移ろいやすく、話題性がなくなると潮が引いていラッキーピエロが提供する全メニューのなかでも、テレビ出演回数No.1の人気バーガーが1日20食限定の「THE フトッチョバーガー」。高さはなんと20cm。上から、バンズ・レタス・目玉焼き・トマト・ハンバーグ・コロッケ・ハンバーグ・チーズ・ハンバーグ・バンズの順に、串刺しされた状態で提供される。

くようにサーッと離れていきます。そこが非常に難しいところなのですが、メディアを引きつけておくためには、定期的に話題を提供するしかありません。私どもが世間の人たちの度肝を抜くようなお店づくりをしたり、メニューに凝ったりする理由の一つがそこにあります。

ここでは、メディアが面白がり、食べた人もついつい口コミしたくなるようなメニューのいくつかをご紹介することにしましょう。

まずは「函館山ハンバーガー」。肉厚ハンバーグとトンカツとチャイニーズチキン、当店の人気№1、2、3を一つにしたメニューで、ヨコからタテに積んで高さ23センチになります。このハンバーガーを食べた人の多くが、フェイスブックやツイッターなどでラッキーピエロのことを宣伝してくれているようです。それくらいボリューム感満点、衝撃度も満点のハンバーガーなのです。

1日限定20個の「THEフトッチョバーガー」も、思わず人に伝えたくなるハンバーガーです。というのも、目玉焼きやミートパティ、チーズなど挟み、やはり高さは20センチほどもあるこのハンバーガーを注文すると、ハンバーガーの引き渡しのときにスタッフからエールの儀式があるばかりか、食べ終わると認定証がもらえるからです。

この「THEフトッチョバーガー」は、ロサンゼルスで食べた大きなハンバーガーがヒントになりました。まあ、そのために新しい大きなサイズのパンをつくるのもムダだと考え、それならいままでの食材をタテに積んでみたらどうだろうとひらめいたのです。すると、けっこう話題になり、たくさんの有名人やタレントさんに挑戦していただきました。新聞、雑誌、テレビなどの登場回数では、チャイニーズチキンバーガーの次に、このＴＨＥフトッチョバーガーが多いように思います。

「土方歳三ホタテバーガー」もメディアによく取り上げられるハンバーガーです。北海道を中心に活動されている俳優・タレントの森崎博之さんが番組ロケで函館を訪れた際、新撰組の衣装を着て来店。「土方歳三ホタテバーガー」を食して絶賛され、その後、ラッキーピエロのお薦め商品として紹介してくださいました。

右に挙げたのはほんの一例にすぎません。このほか、メディアに取り上げられたメニューはいくつもあります。そうやってメディアに取り上げられると、それに引きつけられるかたちでお客様が来店される。来店されたら凝りに凝った店づくりに感動する。食事をしたらもっと感動する。すると、その感動を伝えたくって、誰彼なしに人をつかまえてはラッキーピエロで体験したことを語ってくださる。かくしてラッキーピエロの宣伝マンが誕生します。一人の来店客にすぎなかったお客様が、頼まれもしないのに自ら宣伝マンに変身してくださるのです。

これが、じつは当社の長期戦略といえるものです。チャイニーズチキンバーガーを開発したときからブレておりません。繰り返しになりますが、ラッキーピエロの全店舗にそれぞれ異なるコンセプトを持たせ、デザインから何からすべて変えているのは、とにもかくにもお客様を喜ばせるためであり、感動、感激を誰かに伝えたいという本能を刺激するためです。そのために、時間をかけてやってきました。次章では、私が学び、実践してきたマーケティングの技術と知識について紹介しますが、その大元には、この戦略があるということを気に留めておいていただきたいと思います。

もちろん、経費は嵩みます。大手全国チェーンのように標準化した店づくりに徹すれば、経費的にも工期的にもはるかに効率がいいのはわかっています。ＴＨＥフトッチョバーガーは、つくるスタッフには負担が大きいメニューです。しかし、そういうメニューだからこそお客様は喜んでいただける。大手と同じことをやっても勝ち目はありません。中小には中小のやり方、戦い方があるのです。私が選んだ戦い方をひと言で言えば、徹底して地域の消費者の立場に立つというものです。

これが成功すれば、お客様には継続してラッキーピエロを訪れ、感動・感激していただくことができます。その結果、お客様との間に信頼関係が生まれ、生涯店を訪問していただくとともに、お友達や知人へのご紹介も期待できます。これがラッキーピエロの長期戦略なのです。

高い原価率を乗り越えて

前述しましたように、私は33歳のとき『商業界』の主催するセミナーに初めて参加しましたが、そこでのちのち人生の師と仰ぐことになる新道喜久治という社長さんとの出会いがありました。札幌市内でうなぎ料理店とカニ料理店を経営する傍ら、健康豚を使った安全・安心のハムやソーセージの製造工場を営んでいた新道氏は、信念の塊のような人で、「あなたが人にしてほしいことを人にして差し上げなさい。それがビジネスの黄金律です」「本当に体にいいものを売りなさい」「地産地食をやりなさい」ということを繰り返し語っていらっしゃいました。

この言葉を初めて耳にしたときのショックはいまでも覚えていますが、それ以上のショックに襲われたのは次の言葉を聞かされたときでした。

「原価率35％前後でやっているところが多いんだったら、40％にするんだよ。40％で繁盛したら45％にするんだよ。45％で繁盛したら50％でもできるだろう」

ええっ、原価率50％？　そんなことをしたら経営が成り立たなくなるんじゃないか。普通はそう考えます。そのときの私はしかし、不思議なほど新道氏の言葉を素直に受け入れることができ、原価率50％も十分可能なんじゃないか、という気分になっていました。そして、ラッキーピエロ1号店で実践したのです。

最高の食材を使ってスタートした1号店の原価率は実際、50％を優に超えていました。常識では考えられない高さといっていいでしょう。けれど、私には自信がありました。お客様は絶対にラッキーピエロのハンバーガーを受け入れてくれるはずだ。美味しいと言ってくださるはずだ。ラッキーピエロという新しいハンバーガーショップができたことを、喜んでくださるに違いない、と。

果たして1号店は私の期待どおり、開店早々、長蛇の列ができるほどの大きな反響を呼びました。そして2号店も3号店も好評を博し、気がついたら17店舗になっていたわけです。しかも1号店開店以来、順調に売り上げを伸ばし、いまや年間200万人のお客様が押し寄せる、全国的にも名の通ったハンバーガーチェーンに育ちつつあります。

じつは単純な法則があります。

私たちがお客様を好きになったら、お客様は必ずお返しに好きになってくれます。逆に私たちがもしお客様に乱暴したら、お客様から乱暴されます。これを心理学で「相互作用」

といいます。「お返しの法則」と書いている本もあり、「鏡の法則」と呼ぶ人もいます。「与えよさらば与えられん」の世界です。

要するに、私たちが顧客に得をさせることができれば、顧客も私たちに得をさせてくださる、ということです。ですから、もし流行っていないお店があったとしたら、そのお店は顧客に得をさせていないお店ということになります。

それを考えていくと、お店というものは本来「やりたい！」からやるのであって、「儲かりそうだ」からやるのではないということになります。「こんなお店をやったらお客さんが喜んでくれるんじゃないか」「こんなお店をやったらお客さんが驚くんじゃないか」というのが、最初の動機のはずです。実際問題、お店を始める当初はそういう人が多いはずなのです。ところがそのうち、利益！　利益！　となってしまい、何の変哲もない、面白みもないお店に変わってしまう。そういうケースをよく目にします。

初心忘れるべからず。肝に銘じたいところです。

第2章

成功するための経営の技術と心

ルネサンス期の画家、ボッティチェリ館
本通店

企業経営は〝環境適応業〟

２章では、飲食店を経営されている方、もしくはこれから経営しようと考えている方に向けて経営の話をしたいと思います。

さて、日本ではいつのころからか「会社の寿命は30年」といわれていることをご存じでしょうか。私の記憶では30年ほど前、日経ビジネスが言いはじめたのが最初ではなかったかと思いますが、企業の動静をつぶさに観察すると、実際に90％以上の会社が30年の間に誕生しては消えていっているということです。

会社がマーケットから姿を消す理由はそれぞれ、いろいろあるでしょう。しかし、煎じつめれば変化し続ける環境に適応できなくなったこと、これこそが企業倒産の究極の原因であります。

永続している会社は例外なく、環境の変化に対応しています。変遷する時代の流れに合わせて内部を変えていける企業のみが永続していきます。世の中がジワジワと変化しているのに何も変えることのできない会社、明治になってもチョンマゲを切らずに歩き続けるような会社が消えていくのではないかと思います。

その観点に立てば、企業経営とは〝環境適応業〟であるとさえいえます。水の上に浮かんでジッとしているように見えるアヒルや白鳥も、水面下では水かきのついた足をせっせと動かしているのです。

フィルムメーカーが医薬品メーカーないしは化粧品メーカーに変身して、永続のための知恵を出されているのを見ると、その勇気に感心してしまいますし、百年の暖簾を誇る和菓子屋さんも、時の流れに合わせて少しずつ味を変化させていると聞きます。現状を変えるリスクがあり、内部で波風も立ちますので、たいへんな勇気と決断力が必要です。

当社も創業以来、変化の連続でした。ラッキーピエロを立ち上げる前、テーマパブをやっていたころもそのテーマを頻繁に変えたりしていましたし、ラッキーピエロを立ち上げた後も、メニューを中心に改変を重ねてきました。その結果として、1号店の開店から数えて28年目の2015年、17番目のお店としてマリーナ末広店を出すまでに成長してきたわけですが、それは常に一歩、もしくは半歩先のニーズを先取りすると同時に、変化を予想して内部体制を変えるなど、早めに対応策を打つことができたからです。そうした努力をしてこなかったら当社もすでに姿を消していたかもしれません。それくらい、変化する環境に適応していくことは非常に重要なことなのです。

では、変化する環境とは具体的に何を指すのでしょうか。技術や商品の開発はむろん、新たなビジネスモデルの出現も環境変化に含まれるでしょう。あるいはルールや制度の改変も環境変化といえるでしょう。が、経営者にとって最大にして最重要な環境変化となると、マーケット以外にありません。需要といい換えてもいいかもしれませんが、マーケットの風向きが少し変わっただけで大きな影響を受けるのが企業という名の生き物なのです。はっきりいって、マーケットの変化に疎い人、マーケットの動向に関心の薄い人は経営者に向いていないと思います。

経営者に不可欠な「心」の学び

私が思うに、経営者は常日頃、「マーケティング」とともに「技術」と「心」を真剣に学んでいく必要があります。経営者に必須の「三つの学び」です。

当たり前の話ですが、製造技術などの研鑽を怠っていたらイノベーションの波から取り残され、最終的にマーケットからの退場を宣告されることにもなりかねません。とりわけ日進月歩の勢いでイノベーションが進んでいるこの時代にあっては、寸暇を惜しんで技術の勉強に邁進することが求められています。

心の学びも重要です。哲学や倫理、芸術などに親しむことです。「どんなに立派な経営哲学を掲げたりコンプライアンスの遵守を謳ったりしたところで、会社が赤字だったらしょうがないだろう」という声が聞こえそうです。「会社にとって大事なのは哲学じゃなくて、利益が出ているかどうかなんだ。経営哲学なんていうものにうつつを抜かしていると会社を潰すことになるぞ」とおっしゃる極端な経営者もいるにはいます。けれど、50年近くにわたって企業の興亡盛衰を見てきた私の目には、哲学や倫理を軽視、もしくは無視する経営者や会社のほうがむしろ危うく映ります。なぜか。著しくバランスを欠いているからです。

すなわち、売り上げや利益に直結する技術やマーケティングの勉強を怠ることは許されませんが、かといってそれだけでは「会社は何のためにあるのか」「人はなぜ働くのか」「人生とは何か」といった普遍的テーマに迫ることができず、土中深く根を張ることができません。そこが哲学なき会社の限界です。たしかに、追い風が吹いているときには大過なく過ごすことができるでしょう。問題は逆風のときです。「疾風に勁草を知る」という言葉があるように、逆風にさらされたとき、会社の真の強さが問われるのです。実際、飛ぶ鳥を落とす勢いで業績を伸ばしていた会社がわずかなつまずきをきっかけに傾きはじめ、そのまま消えていった事例なら枚挙にいとまがありません。

しかしながら一方、心の勉強すなわち哲学や倫理、芸術といったものは人生に深みを与え、品性、品格を加えてくれるものの、売り上げや利益をもたらしてはくれません。どんなに深い人生の哲理をわきまえていようとも、それだけでは生きていけません。

だからバランスが大事なのです。ときたま心の側に大きく足を踏み出してしまったかのような経営者も現れます。私たちは哲学者でも宗教家でもなく、立ち位置としてはあくまでも実業家なのですから、心の勉強をするときもバランスを忘れないようにしたいものです。

ということで、2章では経営のお話をさせていただくわけですが、技術に関しては業種・業態によってそれぞれ異なりますので、ここではテーマをマーケティングに絞り、紙数に余裕があったら心の問題にも軽く触れたいと思います。

80対20、パレートの法則

ヴィルフレド・パレートはイタリアの経済学者で、国民と財産比率を研究していた過程で、自国のみならずヨーロッパの諸外国にも共通する、「80対20」という一つの法則に気づいたことで有名です。これが「パレートの法則」です。その後、さまざまな経済学者の調査・研究により、この「80対20」という数字の法則はすべての事象に概ね当てはまるという研究報告がなされています。また、アメリカやイギリスのスーパーマーケットが調査したところ、上位30％のお客が70％の売り上げをつくっていた、というデータも出されています。

このパレートの法則を私たちのラッキーピエロに当てはめてみると、総売り上げの80％をつくり出しているのは20％のメニューと「ロイヤルカスタマー」と呼ばれる上位20％のお客様、ということになります。すなわち、メニュー、お客様の20％が利益の80％を生み出している、ということです。

とすると、多くの分野で平均点を取るよりも、一つの分野で突出した成績を取るほうが全体の平均点が高くなるということであり、人気のある上位20％のメニューにさらなる焦点を当て、もっと磨きをかけブラッシュアップさせていくことが重要である、ということになってきます。

さらには、20％のロイヤルカスタマーが売り上げの80％をもたらしてくれるというのですから、ロイヤルカスタマーの満足度を高めるために、いま以上に力を集中し、行動していく必要があります。そのため、何を差し置いても優先してやらなければならないのが、ロイヤルカスタマーの名前と顔を識別することです。満足度を高めるといっても、誰がロイヤルカスタマーなのかがわからなければ高めようがないからです。

そこで、購入額に応じてランクアップし、ランクに即してさまざまな特典がつく「サーカス団員制度」というポイント会員制度を設立しました。

2割を大切にするために

「サーカス団員制度」は準団員・正団員・スター団員・スーパースター団員の4段階にランク分けされていて(最上位のスーパースター団員はロイヤルカスタマーという位置づけ)、誰しも最初は準団員(利用金額3%還元)からスタートします。準団員から正団員(利用金額4%還元)に昇格するには500円お買い物するごとに押されるスタンプを1年以内に96個押してもらう必要があります。つまり、年間4万8000円の買い物をしていただく計算になります。

正団員になるとスタンプからポイントカードに変わり、お買い上げ金額はすべてポイントに換算されます。マーケティングの世界では、サクランボの山から熟れた美味しそうなものだけを選んで摘んでいく人、そこから転じて特売品ばかり買う人のことを「チェリーピッカー」と言います。店にとってはあまりありがたくないこうしたお客様と大切なお客様とを区別する効用が、このポイントカードにはありました。

ポイントを貯めていただき、1800ポイントでスター団員（利用還元率5％）に、そこからさらに3600ポイントを獲得すると（累計利用額14万4000円）還元率6％以上のスーパースター団員に格上げされます。

スーパースター団員になると金銭面の待遇にとどまらず、買い物をする際には「スーパースター団員の○○様、ありがとうございます」と迎えられます。最初のうちは照れくさく感じる人もいるようですが、慣れてくると耳に心地よく響くようです。スーパースター団員はそのほか、毎年ホテルで行われるラッキーピエロの新年会にVIP待遇で招待されたり、新作バーガーの試食役にお声がかかったり、ほとんど身内同然の扱いを受けます。

それだけ厚く遇するのだからということで、ハードルを高く設定したつもりなのですけれど、スーパースター団員は毎年200人ずつ増え続け、累計で3700人を超えました。それでもサーカス団員全体（3万人超）の1割しかないスーパースター団員たちによる売り上げが、集計するとラッキーピエロの売り上げの7割を占めているのです。母数が異なるので断定はできませんが、パレートの法則に近い数値ではないかと思われます。

年間で5万円近く買ってくださるお客様と500円しか購入されないお客様が同じ待遇でいいのか、たくさん買ってくださるお客様は厚遇されてしかるべきではないのか、という思いは前々からありました。2割のお客様を大切にしなくてはという、経営者としてはごく自然な思いです。そして、実際に「サーカス団員制度」を始めるとその思いがますます募り、許される範囲でもっと厚遇する手立てはないものかと、それればかり考えるようになりました。それというのも、熱く熱くラッキーピエロのことを愛してくださるスーパースター団員の方がいらっしゃるからです。

週に1回は必ず来店されて、割引のある日には会社でオーダーをまとめたうえで店まで取りにきてくれる。運動会の日には「ピザとオードブル、3人前ずつ校門までお願いね」と電話をかけてきて、親戚で不幸があればあったで、「温かいもののほうがいいから、カレーを20皿お願い」などと注文してくださるスーパースター団員がいらっしゃるのです。

そういうお客様を、年に1回か2回、それも割引の日だけしか来ないお客様と同列に扱っていいわけがない。それこそが不平等というもので、真の平等とは不平等の平等、つまり、店への貢献度に応じてえこひいきすることであろうと思います。

心で食べる時代の到来

食生活にまつわる戦後の歴史を簡単に振り返ってみましょう。

太平洋戦争が終わった1945年8月15日、このとき戦争終結を知らされた国民の多くが心の内で叫んだのは「ああ、腹いっぱいメシが食いたい」であったと聞いたことがあります。戦争中、遅配、欠配だらけの食料配給制度に忍従させられてきたことを考えれば、そう叫びたくなるのも十分わかりますが、戦争が終わってもしばらくは食料事情が好転することはなかったようです。むしろ悪化の一途をたどっていき、そのため人々はヤミ市で空腹を満たすのが精一杯。戦争中より厳しくて辛い生活を強いられたとのことです。

そんな状況ですから、味のことなど二の次、三の次。いかに口に入れるものを確保するかが大切で、食べ物があるだけで幸せな時代だったのです。当時、7人家族で暮らしていたわが家は、とりたてて貧しいというほどではありませんでしたが、食べ物をめぐってよく兄弟ゲンカをしたことを覚えています。

要するに、あのころの人はみんな、胃袋で食べていたのです。味わって食べる余裕などどこにもなく、ただただ胃袋に詰め込んでいたのです。

胃袋で食べる時代がいつごろまで続いたのか。私の記憶では1950年代の初めあたりまでだったように思います。胃袋で食べる時代が終わる一つのきっかけとなったのが、1950年の6月に勃発した朝鮮戦争で、これにともなう朝鮮特需が舞い込むと戦後復興がにわかに進み、国民生活にも余裕が見られるようになりました。そして1956年の経済白書に「もはや戦後ではない」という一文が踊るのを待っていたかのように、日本経済は高度成長時代へと突入していくのでした。

経済そのものが世界に類例を見ないほどの成長を遂げた高度成長時代、国民の食生活もこれまで経験したことがないほどの著しい変化を遂げました。その変化とはひと言でいって「洋風化」でした。コメの消費量が減り、肉食が増えていきます。そのうちにファストフードやファミリーレストラン、コンビニエンスストアが街をにぎわすようになって、日本人の食生活をさらに大きく変えていきます。安定成長期を経ていつしか時代がバブル経済へと向かうと、今度は、食べたことも見たこともない洋食を口にする人がにわかに増えはじめます。それと並んで、美味しいものを貪欲なまでに求める美食家が登場してきたのもこのころです。

人々は胃袋ではなく舌や目で食べるようになります。舌や目で食べるというゆとりと豊かさを、多くの人が満喫するようになりました。

贅沢という言葉に置き換えてもいいほどのバブル時代もしかし、終焉のときを迎えます。そうです、バブルの崩壊です。ここにきて日本人は、価値観の大転換を迫られました。その大転換のなかには食べ物に対する考え方も含まれていました。あたかも、夢の世界で美食を追い求めていた人々が現実の世界に引き戻されたかのように、食に対して堅実に考える人がにわかに増えはじめたのです。

わけても顕著だったのが、安全な食を求める人の急増です。たとえばアトピーや喘息などアレルギー疾患のお子さんを抱えている親御さんの苦労は切実で、「どこの誰が、どのようにつくった食べ物なのか」がわからなければ購入しようとしません。そこまで切実ではなくても、その肉や野菜がどこで採れたものかを問う人がものすごい勢いで増えてきました。

食事を舌で食べる時代から頭で食べる時代になったのです。

バブル崩壊後のもう一つの新しい傾向は、地元で採れたものは地元で消費するという「地産地消」の考え方です。これがいま、着実に広がりつつあります。私どもがもう一歩進めて「地産地食」に取り組みはじめた12年ほど前は、訴えても「何、それ?」という顔をされることが少なくありませんでした。皆さん、「地産地食」という言葉をご存じなかったのです。当時のことを思い出すことがたまにありますが、まさに隔世の感。世の中の変化の速さに驚かされるばかりです。

「地産地食」に似たものの一つに「ご当地もの」ブームがありますけれど、これらはみな偶然発生したわけではありません。人々が頭で食べるようになった結果として発生してきたものなのです。

頭で食べる時代では、お客様の頭に絶えず情報を提供していくことが望まれます。そして、その情報が重要なものとして受け入れられるためには、つくり手の顔が見え、つくり手の思いや情熱、愛といったものがストーリーとして語られていなければなりません。つまり、頭に訴えると同時に心にも訴えるのです。

このように、頭で食べる時代を迎えると、半ば自動的に心で食べる時代へと移行していくのですが、現在の日本はすでに心で食べる時代を迎えているといっていいでしょう。

だからいまの時代は、安いだけでも、うまいだけでもお客様は来てくださらないのです。楽しいだけでも心に響かない。お客様に来ていただくために、びっくりするような驚きをいかに提供するかを真剣に考える必要があります。先にも述べたように、思わず誰かに伝えたくなるような驚きと感動が口コミとなって広まり、ひいては繁盛店へと導いてくれるのです。

マス・マーケティングからワン・ツー・ワン・マーケティングへ

戦後の経済と食生活の変化をごくごく簡単に振り返ってみましたが、戦後経済史の中で最も衝撃的な出来事は何か、と問われたら何とお答えになるでしょう。想像するに、バブルの崩壊を挙げる人が圧倒的に多いのではないでしょうか。何しろ、人々の価値観をきわめて短時間のうちに根こそぎひっくり返してしまったのですから、これほど劇的な変化はなかったし、これからも滅多に起こるものではない、といって差し支えないでしょう。

ではなぜ、バブルの崩壊は人々の価値観を大きく変えたのでしょうか。要因を挙げようと思えばいくらでも挙げられますが、いちばん大きい要因は工業経済社会から情報経済社会へと社会構造が大きく変わったことではないでしょうか。そして、社会構造が変化したことにともなって、モノの時代から心の時代に変わり、十人一色の時代から一人十色の時代に変わった。マス・マーケティングからワン・ツー・ワン・マーケティングに変わったのです。

従来のマス・マーケティングとは、ターゲットとすべき顧客層をあらかじめ絞っておいてから、その顧客層が多く存在する地域や年代に販売促進をかけていく、というものでした。対してワン・ツー・ワン・マーケティングというのは、顧客一人ひとりと密度の濃いコミュニケーションを図りながら特別仕様の商品やサービスを提供するマーケティング手法とされています。とすると、それまでのモノを中心としたマーケティングからヒトを中心としたマーケティング、いわゆる「ヒト・マーケティング」へと時代が動いた、ということができます。相変わらず旧態依然のマーケティングに頼っている会社は危ないといわざるを得ず、どの会社もよろしくヒトを中心にしたマーケティングの手法を取り入れるべき時代に入っています。

ここで思い出していただきたいのが、先ほど紹介したパレートです。彼はひたすらヒトの行動を分析することによって80対20の法則を発見しました。そのかぎりでいわばヒト・マーケティングの先駆者というべき存在ですが、彼が提唱した80対20という数字の正当性は諸外国で証明されています。先ほども述べたように、わがラッキーピエロでもパレートの理論を取り入れて、「サーカス団員制度」を始めたところ概ね同様の結果が出ました。彼の理論を取り入れたことがヒト・マーケティングすなわちワン・ツー・ワン・マーケティングの導入につながったのですから、時代の流れとはピタリと符合していて、とてもよかったと思っています。

一つの商品またはサービスをたくさんの人に買ってもらうのがヒト・マーケティングだ

と思われるかもしれませんが、違います。それは従来主流とされてきたマス・マーケティングです。ヒト・マーケティングというのは、たくさんの人に買ってもらうのではなくて、一人のお客様にいかにたくさん買っていただくかということに主眼を置いたマーケティング手法なのです。

たとえていうなら、いままでチャイニーズチキンバーガーしか食べられなかったお客様に「ぜひともカレーも召し上がってみてください」とか「お子様の誕生日にケーキはいかがですか」などと、熱心に購買をうながすのがヒト・マーケティングないしはワン・ツー・ワン・マーケティングの手法である、といえばおわかりでしょうか。

もちろん、購買を勧められるようになるには、その前提条件として絶対的な信頼関係が構築されていなければなりません。お客様が「自分のことを考えて商品を勧めてくれているんだな」ということがわかる関係が結ばれているのなら心配はいりませんが、「これくらいの嘘なら見破られないだろう」「これくらいのことなら誤魔化しても大丈夫だろう」という嘘・偽りは論外です。最低限、そうした嘘・偽りのない姿勢で臨むことが前提条件です。

一対多のマス・マーケティングなら、お客様がたくさんいる分、嘘や偽りがまかり通ってしまう一面があります。あってはならないことですが。これに対して、お客様と1対1の関係に立つワン・ツー・ワン・マーケティングでは嘘や偽りは言語道断。自分の首を絞めるだけです。私が思いますに、ワン・ツー・ワン・マーケティングを究めようとするなら、好むと好まざるとに関わらず、正直・勤勉・倹約といった商いの王道を歩むほかなさそうです。

ワン・ツー・ワン・マーケティングの時代を迎えたというのは、そういうことであるのに、それを相変わらず昔のように、一つの商品を一つの価値観で日本国中の人々に、あるいは世界中の人々に売り込もうとしている企業は少なくありません。彼らはそれが時代遅れの手法であることはわかっていても、しがみつくしかないのかもしれません。

ワン・ツー・ワン・マーケティング成否の要

ラッキーピエロはワン・ツー・ワン・マーケティングの手法を取り入れていますが、遂行する際には三つのキーワードを設定しています。ワン・ツー・ワン・マーケティングとはどのようなものなのか、そのイメージをもう少し鮮明にするために、わが社の三つのキーワードについて簡単に触れておきましょう。

その一番目は「個店化」です。ラッキーピエロには一つとして同じお店はありません。

17店舗それぞれにテーマ、カラーを決め、個性あふれるお店をつくっています。

二番目のキーワードは「個客化」です。顧客という〝お客様〟(全体)ではなく、個々の個客です。〝お客様〟というとらえ方をしていること自体、まだマス・マーケティングのとらえ方をしている証拠なのです。

私たちは個別対応をしなければ、お客様から相手にされないようになりました。お客様それぞれには個別のライフスタイルがありますから、一人ひとりの個客に対してどうコミュニケーションを深めていくかが対応のポイントとなります。

さて、皆さんは2割の個客を大切にするためにどのようなコミュニケーションを実践しているでしょうか。ラッキーピエロではすでに述べたように、四つのランクから成る「サーカス団員制度」を設け、最上位のスーパースター団員の方には、毎年ホテルで行われる新年会にVIP待遇の招待状が届けられるほか、年末には各店の店長が一軒一軒お礼の挨拶に伺うことになっています。個客の差別化を図るうえでは、「自店の2割の個客は誰か」を発見するためのシステムづくりが重要です。そのターゲットに向かって、他の個客と違うコミュニケーションがどのようにできているかが企業課題です。

三つ目のキーワードは「地域化」です。ラッキーピエロでは、同じドリンクでもお店によって異なる値段設定を行っています。たとえば、普通180円のドリンクを学校の近くにあるお店では120円で販売しています。学生さんの少ない小遣いを考えてのことです。当初は、同じチェーン店なのに、同じ商品が違う値段というのはおかしいと意見をいわれたこともありました。しかし、地域・顧客に合わせたドリンクの値段の設定を実行し続けたところ、皆さんもラッキーピエロはそういう店だとお考えいただくようになりました。

以上のように、ラッキーピエロでは「個店化」「個客化」「地域化」をキーワードにワン・ツー・ワン・マーケティングの導入を図っているわけですが、導入の成否はすべて、各店で直接お客様に接している第一線のスタッフにかかっています。経営者が泣こうと叫ぼうと、お客様を満足させられるのは第一線のスタッフだけだからです。経営者は指示を出すことはできます。しかし、指示を出したあとはスタッフの品性、品格にお任せするしかないのです。

たとえば、さっきの学生さんが多い店で創業月の6月には、ジョッキでコーラ飲み放題という企画がありますが、これが成功しているのは、じつはスタッフの対応の良さが喜ばれているんです。

つまり、ワン・ツー・ワン・マーケティングで何より大切なのはスタッフの仕事に対する気持ちということになります。スタッフが喜びをもって仕事に臨んでいるならば、お客様まで喜びの気に満たされるでしょうが、いやいや仕事をやっていたら、そのいやいや感はすぐにお客様に乗り移ってしまいます。

ですから「仕事とは何か。なぜ仕事をするのか」、さらには「人生とは何か。生きている意味は何か」ということを経営者はスタッフに熱く語る必要があり、会社の理念をスタッフと共有する。それができないようでは、私たちの仕事は務まらないのです。先に、経営者には心の勉強が必要だといったのは、こういう意味でもあります。お辞儀の仕方などのかたちを教えるのではありません。そんなものは後からついてきます。理念を共有してこの指にとまった者以外がもし混入していたら、そのことが会社をダメにするのです。

人が生きていくうえで本当に大事なものは何か。私は、お客様の喜びや幸せを真剣に考える人だけが、最終的には数少ない成功者になるのではないかと思っています。

個客への取り組み

一人ひとりの個客（お客様）は、それぞれ異なった欲求や嗜好を持っています。その一人ひとりの個客の欲しいもの、して欲しいことを提供するには一人ひとりの個客の要望、期待に応じたきめ細かい、行き届いた対応が必要となってきます。

名前で呼んだだけで、「私のことを覚えていてくれた」とお客様は喜び、感動してくれます。名前だけでなくお客様の好みのメニューを覚えておき、「○○様、いつもの○○でよろしいでしょうか」「新しいメニューの○○ができました。きっとお気に召すと思います」「本日は○○が割引になっております」などと語りかければ、お客様はさらに気分よく、食事を楽しむことができます。

メニューにとどまらず、お客様の好みの席やクセを理解していれば、より一層お客様の好みに合った、きめ細かなサービスを提供することができます。

個客に対応するには、お客様の情報をスタッフ同士、交換し合うことも大切です。人間の記憶力には限界があります。これを補うためにはスタッフ同士、互いに持っているお客様情報を交換すると同時にメモし合うことです。そのように、ラッキーピエログループ17店舗が情報共有し、個客の好みや来店状況がわかれば、いつ誰が接客しても同じ対応をとることができるので、お客様に不要なストレスを感じさせることはありません。

お客様は最初新しいお客様（新規客）として、味（美味しさ）に惚れ、次に店が好きになって（料理、サービス、雰囲気）、得意客、常連客となり、最後にはスタッフのファンになります。

お客様の2割がロイヤルカスタマーとなり、売り上げの8割をつくってくれるということを常に念頭に置き、「私のことをわかってくれる、心地よい店」と感じてもらえるよう、努力を重ねていくことが大切です。

生涯価値に着目した販売戦略

米国のある統計によると、1人の米国人が生涯に食べるハンバーガーは8389個だそうです。コーヒーは5万6044杯飲み、理髪店には664回通うとのこと。数字の真偽は別として、お客様が生涯に購入する金額は商品・サービス別に決まっていて、これをいろいろな企業や店から購入していることに間違いありません。

短い期間で見れば、1人のお客様がもたらす利益はさほど大きくありませんが、しかし長い目で見れば、1人のお客様が持っている購買額は莫大なものになります。

これまではどちらかというと、「いかにたくさんのお客様を獲得できるか」といったテーマに基づいて戦略が練られていました。しかし、現代のように市場が縮小傾向にあり、店の門をくぐるお客様の数が少なくなった時代には、「いかに長期にわたってお客様に利用していただくか」といった戦略が大切になってきます。

得意客に対しては、目先の1回の購入額にとらわれるのではなく、生涯のお付き合いを目指す。自分の扱っている商品について、1人のお客様の生涯購入額のうち、できるだけ多くのものを自店から購入してもらう。これがお客様の生涯価値に着目した販売戦略です。図式的にいうならば、

①一度来店していただいたお客様は絶対に逃さない（顧客維持）
②継続的な関係を築くことで、店の長期的な経営の安定に一役買ってもらう（生涯顧客）

ということです。1人のお客様を失うと、莫大な損失を被る。1人のお客様が持つ1回の小さな購買力を軽視すると命取りになる。

仮に、ある理髪店が1人のお客様から一生涯、散髪を自店で行うという契約を取り付けることができたとしたら、50年〜60年先までの利益を確保したことになります。もちろん契約は無理としても、お客様との友好的な関係を維持しておけば、一生涯利用してもらうことは夢ではありません。

このようなお客様を10人、20人と増やしていけるならば、長期にわたる店の安定化を実現できます。「お客様を1人くらい失ったところで……」という考えは絶対になくしてい

かなければならない理由がここにあります。

お客様とのコミュニケーションを通して相手を知り、信頼関係を築くことは手間がかかり、コストも要する作業です。しかし、生涯価値に着目すれば、それ以上の利益を店にもたらしてくれることは自明です。

すなわち、経営者の行うべきことは、親切な社風をつくり、一人ひとりのお客様を大切にしながら永くおつき合いをしていただくスタッフを育てることなのです。

生涯顧客のもたらすメリット

前項で述べたように、生涯価値とは1人のお客様がある特定の商品ないしはサービスに一生の間、または特定の期間に支出する金額のことです。私たちのお店では、年に4万8000円、3年で14万4000円、一生とまではいかないにしても、長いおつき合いをいただいた結果の生涯価値を192万と考えています。

継続的な来店の繰り返しによって売り上げが上がること。これが生涯価値をもたらしてくれるお客様が大切ないちばんの理由ですが、それ以外にもたとえば、広告や販売促進にたくさんの費用がかかる新規顧客の獲得と比較して、一度来店されたお客様をつなぎとめるコストは5分の1で済むことも理由です。さらに次のようなメリットも挙げることができます。

①私たちの店を知れば知るほど来店回数が増える
②私たちがお客様を知れば知るほど、そのお客様の立場に立ったより良いサービスが提供できる
③お客様は知らない店より気心の知れた店のほうが財布のヒモを緩めやすく、その分、常連店はお客様に対するプレミアムを手にしやすい
④お客様は口コミの輪を広げ、友人、知人を新しいお客様として連れてくる
⑤固定客を確保すれば、競争相手との無駄な価格競争に巻き込まれるリスクが低くなり、価格安定のメリットが生まれる

生涯価値を車の購入で考えてみましょう。

たとえば、一生の間に車は何台買うでしょうか。一生の間といっても車に乗るのは免許が取れる年齢からですから、18～80歳くらいの期間でしょうか。

買い換えは平均6年とします。ですが、家族で免許を持っていて、複数台所有している家庭もあることを考えるとたいへんな台数になりそうです。とても5台や6台で済まず、車本体の購入だけで一生の間に2500万円は支出しているだろうといわれています。

さて車を購入すると、点検・修理などでディーラーとの付き合いが始まります。もし1台目の車で何かトラブルを起こすと、あるいは、起こさないまでも不愉快な思いをしたり不満を抱いたりすれば、2台目からの車はそのディーラーから買わないことになります。もし私たちが満足しなかったら、1台目の車が150万円だったとすると、その後に支払うはずの2350万円はほかのディーラー、つまり競争相手のところに行ってしまうのです。

さらに怖いことには、そのディーラーから離れた私たちは通常、マイナスの情報をまき散らしますので、損害がさらに大きくなります。いまやインターネットのメールやチャットでマイナス情報がたくさん流れる時代です。いつ、どこの店でそんなことが起こるかわかりません。したがって、

①苦情処理を徹底的にする（店離れ、客離れを防ぐ）
②感動、感激を呼ぶ個別接客サービスをする（繰り返し来てもらう）

③清掃を徹底する（顧客満足経営のスタート）

という三つのテーマが浮かび上がります。

ラッキーピエロでは、この三つのテーマを着実に実行していき、多くお客様に生涯顧客となっていただけるよう、日夜努力しているというわけです。

ロイヤルカスタマーのつくり方

ワン・ツー・ワン・マーケティングは、ロイヤルカスタマーの存在なくして成り立ちません。もっといえば、一般のお客様をいかにロイヤルカスタマーにまで育て上げるか、というのがワン・ツー・ワン・マーケティングであり、そこにこそ醍醐味がある、といえます。

では、どうやってロイヤルカスタマーを育てるのか、あるいは、どうやったらロイヤルカスタマーになるのかということですが、そのつくり方は十人十色、人それぞれにやり方があるでしょうし、ご自分の方法に従うことだと思います。が、なかにはどうしたらいいのかイメージすら浮かばない、とおっしゃる人もいるかもしれません。そこで参考のため、ラッキーピエロで行っている方法の一部をご紹介したいと思います。

初めて来てくださったお客様を「初回客」と呼びます。初回客は、料理がうまく価格も適正、メニューバラエティも豊富なうえ、お店の感じがよかったら、二度三度と利用してくださるようになります。このようなお客様を「常連客」と呼びますが、1カ月に一度、1週間に二度などといった具合に定期的に来店されるようになると、今度は「固定客」と呼ばれます。

では、どうすれば常連客が固定客になるのでしょうか。

その答えは、店長、主任、スタッフが、常連客の存在に気がついていますよ、認知していますよ、ということをさり気なく伝えることにあります。たとえば、「いつもありがとうございます」「いつものお席が空いていなくてすみません」「今日もチャイニーズチキンバーガーでよろしいでしょうか」などという言葉が、ごく自然に口をついて出てくるようであるならば、常連客が固定客になる日もそう遠くはないでしょう。

そのうちに常連客は自分を大切にしてくれる店に定期的に通うようになり、結果として固定客の誕生となるのです。

さて、店の経営の安定に寄与する固定客の増加は何ものにも代えがたいほどうれしいものですが、これで満足しているようでは正直いって少々甘い。私たちの目指すべきは、お客様をお店の、そしてお店で接客するスタッフ一人ひとりのファンになっていただき、さらには「ロイヤルカスタマー」にまで高めて、生涯のお客様とすることなのです。

ファンにするポイントは一も二もなく、お客様の名前と顔を一致させ、お客様をお呼びするときは「〇〇様」と必ず名前で呼ぶことです。それだけの関係になれば当然、お客様との距離は縮まり、親密度が増し、それぞれのお客様の趣味、嗜好など個の面が徐々にわかるようになります。その結果、お客様の趣味や嗜好に合った料理やサービスの情報を的確に、かつ適時に伝えられるようになります。要するに、お客様一人ひとりに対してそれぞれ異なる対応、つまり個別対応が可能になるわけです。

ホスピタリティにあふれた個別対応は、サービスの提供者も予想していなかったようなお客様の感動や感激を生み出します。そのお客様との心の一体感や共有がホスピタリティの醍醐味でもあり、人間対人間、一対一の心の交流を生み出していきます。

お客様はファンになると、こちらのお勧めした商品を購入してくださるようになり、結果としてお買い上げ点数や客単価も一般のお客様に比べて高くなります。それればかりか、友人や知人もお連れしてくれるようになるのです。これはまさに、ファンから〝サポーター、支持者・後援者〟となった証といえます。これらのお客様とその家族を含め、長年にわたって良好な関係を維持できれば「ロイヤルカスタマー」として生涯のお客様とすることができるでしょう。

ファンを超えるお客様の構成比（人数）は通常、全体の20〜30％です。対して、売り上げ構成比は全体の売り上げの70〜80％を占めるのです。ラッキーピエロにとってまさにロイヤル（忠誠心のある、忠実な、誠実な）カスタマー（お客様）といっていいでしょう。しかも、これらのロイヤルカスタマーは景気や経済動向にあまり左右されません。

小さい商圏の中で勝ち残るには、ホスピタリティのある個別対応によって個客満足を高め、初回客をロイヤルカスタマーへと育てることが必要です。私たちが、スーパースター、スター、正団員から成るサーカス団員制度を設け、一人ひとりの団員とのコミュニケーションを深めていこうとしているのは、まさにロイヤルカスタマーを育てんがためなのです。

心の学びは一日にして成らず

マーケティングについての勉強はこれくらいにして、ここからは心の勉強をしていくことにしましょう。

一口に心の勉強といっても、対象は哲学、倫理、芸術のほか宗教や道徳などがあり、どこから入ってもかまわないというところが魅力です。しかし、心の勉強は「解なし」、つまり結論は自分で導き出さなければならないケースがほとんどであるため、そのわずらわしさに堪えられず途中で放擲してしまう人が少なくありません。せっかく始めた勉強なのに途中でやめてしまうなんて、じつにもったいないことです。かくいう私も「日暮れて道なお遠し」の境地を脱することがいまだできていません。が、それでも「一生勉強！ 一生青春！」とわれとわが身を鼓舞しながら勉学に励んでいます。

私が心の勉強を含め、経営の勉強を本格的に始めたのは、『商業界』主催のセミナーに初めて参加した33歳のときです。以来40年、一度も欠席することなくセミナーに通い続けています。それが私の自慢の一つになっているのですが、なぜ皆勤賞を取り続けることができるのかといいますと、セミナーでの勉強がとても刺激的で役に立つからです。要するに、講師の先生方が素晴らしいのです。これがもし、愚もつかぬ話を延々と聞かされるようなセミナーであったなら、いくら何でも40年も続いていないでしょう。

良き先輩諸氏に恵まれたことも、長続きした理由であります。セミナーには立派な経営者がたくさん参加されています。社名を挙げれば誰でも知っている有名会社の社長さんもいれば、齢九十を超えてもなお、通い続けている会長さんもいらっしゃいます。そういう先輩方に接するたび、「四十、五十は洟垂《はなた》れ小僧、六十、七十は働き盛り、九十になって迎えが来たら、百まで待てと追い返せ」という、渋沢栄一が遺したとされる言葉が思い出されて、思わず勇気が湧いてきます。

私が40年間にわたって経営の勉強を続けられた三つめの理由を挙げるとするなら、私には心の師と呼べる人がいたから、ということになるかもしれません。その人は佐藤一斎という、江戸時代末期の儒学者です。ただし、ただの儒学者とはわけが違います。弟子として佐久間象山、渡辺崋山、山田方谷、横井小楠らが名を連ね、孫弟子には吉田松陰、勝海舟、坂本龍馬、小林虎三郎らの名も見える超大物儒学者なのです。

弟子ではありませんが、西郷隆盛も佐藤一斎を敬愛していて、1133条から成る一斎の『言志四録《げんししろく》』を愛読するだけでは飽き足らず、『言志四録』から101条を抜粋・抄録して『西郷南洲手抄言志録《さいごうなんしゅうてしょうげんしろく》』として座右に置き、自らの行動の指針としたほどの傾倒ぶりだったと伝わっています。あれくらい肝の座った西郷さんをもってしても、ときに迷妄の淵に沈みそうになることがあり、そのたびに『言志四録』をめくっては迷いの霧を払い退けていた、ということです。それくらい幕末から明治初年にかけてはたいへんな時代だった、ということなのでしょう。

時代は違いますが、私もほかの書物を読んでわからなくなったり、迷いが生じたりしたときは、西郷さんと同じように『言志四録』に立ち返るようにしています。つまり、『言志四録』は私にとっても一種の帰還基地になっているのです。そして、その帰還基地があったからこそ、この40年間、右に左に揺れながらも何とか勉強を続けてこられたのだろうと思っています。

経営者にとって心の勉強は必要にして不可欠なものです。しかし、時間がかかります。決して一日にして成るようなものではありません。重荷を負うて遠き道を行くが如しの覚悟で臨むのがいちばんかと思います。

ということで、ここからは少し、心の学びに関して心の赴くままに綴ってみたいと思います。まずは「人はなぜ働くのか」から。

人はなぜ働くのか

アメリカの心理学者、アブラハム・マズローは人間の欲求を高いほうから低いほうへ5段階に分けています。

①生理的欲求………衣食住など人間の基礎的なものを満足させたいという願い

②安全への欲求……ただ生きるのではなく、安全かつ快く生きたいという願い
③社会的欲求………人間関係や社会との関わり合いによって生き甲斐を感じたいという願い
④自己拡張の欲求…より良く生きて、自分の存在を高めたいという願い
⑤自己実現の欲求…あらゆるチャンスを徹して、自己の可能性を豊かに花咲かせたいという願い

マズローによれば、最後の自己実現の欲求を満たした人は、自分自身を超えて社会や環境、さらには人類全体の幸せを求めるようになる、とされています。

さて当然のこと、私たちは生きています。生きているということは動いているということであり、生命つまり人は動くことで自己表現しています。漢字では、人が動いて「働く」と読ませます。とすると、働くことは自己表現でもあり、マズローの掲げる一番高度な欲求、すなわち自己実現の欲求に当てはまります。

また、働くことは「ハタ」を「ラク」にしてあげることだといった人がいます。人間は他人との交じり合い、関わり合いなしには生きていくことができません。マズローも三番目の欲求として挙げているように、助け合い、協力し合って生きているのが人間本来の姿

であるはずです。

ところで、「ラク」にしてあげるべき「ハタ」、すなわち人間関係や社会的関わり合いにおける他人と何なのでしょうか。

曹洞宗を興した道元禅師は、自分のことを自己、他人のことを他己と呼びました。他人は他人ではなく、他の己《おのれ》であるというのです。これは、仏の下においては人間は元来一つであるという自他一如《じたいちにょ》の悟りの世界を表わしたものであり、たいへんに深い哲学ともいうべき教えであります。

自他一如の世界では、他己（他人）を喜ばせることは自己を喜ばせることと同じであり、人のお役に立つ感動（お客様を満足させよう、喜ばせよう）や、他人の喜びが自分の喜びに思える幸せの真髄というものが、たしかに存在するように思えます。

働くことは、マズローのいう①、②の欲求を満たす手段というだけではなく、人間が本来持っている③、④、⑤の欲求による自己表現でもあり、「ハタ」を「ラク」にすることは、まさに自己も他己も楽しく喜ばせる自己表現です。

自分が生きていることが人のお役に立っているという感慨。自分の働きによって幸せになり、喜びを得ている人の姿を見るときの感動。自分の成した仕事がたくさんの人のお役に立っていることを知ったときの魂の底からの満足感と充足感。ここに私たちの働く喜び、生きる喜びがあります。

「疲れるなぁ」「休みたい」「仕事に行きたくない」……。こんなマイナスな思いにとらわれて、深いため息を漏らすこともあるかもしれません。けれど、いつかは終えるはずのこの世の生を、善のめぐりで全うするように、生の意味を、仕事の意味を考えるために、足を止める瞬間があってもいいのではないでしょうか。そう思って、道元さんの深い悟りの一部を綴ってみました。

四国お遍路を歩いて知った心配りの真意

「心配り」と「気配り」という言葉にはどんな違いがあるのでしょうか。
心配り……配慮。心遣い。思いやり
気配り……配慮。不都合、失敗がないよう、あれこれ気をつけること
広辞苑で検索をかけると、このように出てきます。ともに似たような意味を持った言葉

ですが、気配りは接客業の最低限のマナーであって、心配りという言葉には、それに加えて〝愛〟が感じられます。

じつは私、数年前に四国の歩きお遍路の一国回り（徳島県のみ）に行ってまいりました。ほんのりと暖かな気候を想像しつつ出かけていった四国路は、異常気象のせいか肌寒く、いや、山中では雪や雹にまで見舞われるという悪天候でした。

しかしながら四国の人々、そして風土の醸しだす柔らかな雰囲気といったら、お遍路さんに心配りする心情が、遥か昔から長い年月をかけて培われ、人も自然も深く身につけてしまったものではないかと感じられるほど柔和なものでした。

四国では、お遍路さんに親切にすることを「お接待」と呼んでいるらしいのですが、出会ったお接待どれをとっても「気配り」ではない「心配り」であって、自然で優しい愛、柔らかな愛に包まれたものでありました。

道中で出会う見知らぬ人の笑顔。「よいお参りをなあ」「頑張りやあ」の言葉がけ一つとってみても、私の人生で初めて出会った感動でした。

四国の皆さんが見せてくださった、気配りだけに収まらない心優しさ、そして愛を盛り込んだ心配りなるものをお客様に向けることこそが、感動を与えるサービスの提供になるのだと深く感じ入ったわけです。

「お客様を喜ばそう、満足させよう」というラッキーピエロの経営理念は、本当の人間の優しさと愛を盛り込んだときに初めて、マニュアルを超えた、そして気配りの上を行く心配りとなって遂行されるのではないでしょうか。

私たちにとって接客は毎日の日課であり、仕事でありますけれど、お客様にとっては生涯に一度きりの来店かもしれません。また、美味しさを求めての再度の来店かもしれません。あるいは友人、家族を自慢げに連れてきてくださるいつものお客様かもしれません。どのようなお客様であっても、心配りでラッピングされたラッキーピエロを心から楽しんでいただきたいと切に思っています。

お客様は正しい、たとえ間違っていても

アメリカのユタ州に本社を構える「スミス・フード&ドラッグ」のロサンゼルス店であった実話です。

ある日のこと、70歳くらいの女性が葉腐れを起こしている1個のレタスを持って店に苦情を申し入れました。「1週間前、この店でこのレタスを2ドルで買った。今日、食べよ

うと思って冷蔵庫から取り出したら腐っていて食べられない。腐ったレタスを売るなんて許せない。返品するから2ドルを返金してほしい」というのです。

1週間前に買ったレタスを持ってきて、腐っているから返金しろといわれても、買ったレタスの保管責任はお客様にあるのだから、受け入れられないのが普通です。ところが、苦情を受けたマネージャーは、迷惑をかけたことをお詫び申し上げるとともに、腐ったレタスを笑顔で受け取り、代金の2ドルを喜んでお返ししたのです。その際、この次からは早めに召しあがっていただくよう、一言添えるのを忘れなかったそうですが、どう考えても店側に落ち度はありません。

マネージャーはこの件に関して次のような説明をしました。

「もし、店としての正当性を主張し、返品・返金には応じられないといったら、彼女はどのような感情を抱いたでしょうか。決して心地よく受け取ってはくれなかったでしょう。それどころか、彼女の心の中は恨み、つらみでいっぱいになったに違いありません。

反対に、どんな理由であれ、お客様の理不尽な要求に快く応えてあげれば、少なくとも満足するはずです。場合によっては感謝してくれるかもしれません。そして、そのお客様はこれからも当店を利用し続けてくれるはずです」

嫌われたり恨まれたりしたら、それこそおしまいです。お客様を逃してしまううえに、敵に回してしまったら、もはやその土地で商売がしづらくなる可能性すらあります。

考えてみてください。返金はたったの2ドル。2ドルのお金でお客様をファンにすることができるなら、これは安い費用です。この店のお客様は年間平均5000ドルの買い物をしているそうです。2ドルの返金を断って5000ドル失うより2ドルでお客様をファンにするほうが、絶対的に賢いと思うのです。

日本のことわざ「損して得取れ」を地で行くようなエピソードです。

目先の損得や正当性にこだわるあまり、もっと大事な何かを失ってしまう。そんなエピソードですが、ここで問われているのは、お客様に生涯にわたって買って（生涯顧客になって）いただくためにどういう行動をとるかでもあるのです。

お店でお客様に対して守るべき三つの鉄則は、

①お客様を決して怒らせないこと
②お客様に嫌われないこと
③お客様に絶対に恨まれないこと

こんなふうに三原則として掲げると、どうも損得のみを追うビジネス理論、もしくは処世術の響きがありますが、そうではありません。

ただ単に正当性を訴えるだけでは相手との間に波風が立つのは避けられませんが、正当性を訴える裏側に寛容の愛があると、いつかはその正当性が伝わり、再び善のめぐりが始まっていく、ということを伝えたいのです。

「愛は寛容であり、愛は情け深い。また、ねたむことをしない。愛は高ぶらない。誇らない。不作法をしない。自分の利益を求めない。いらだたない。恨みをいだかない。……愛はいつまでも絶えることがない……」と続く、かの有名な聖書『コリント人への第一の手紙』第13章4節～8節に連なる大いなる愛からの発想であり、決してビジネス成功のための単なる損得理論、もしくはハウツーなどではないのです。ビジネスや仕事を通して、人生どう生きるかを学習するための良い例だと私は考えています。

浅はかな人間の智恵では命の長さを測り得ず、病気などで余命宣告を受けて初めて、一日一日、一刻一刻の命の重さを実感する。私たちはそんな愚かな動物なのです。心のどこかで人生はあり余っていると考えていて、足早に通り過ぎていく人生を無駄にしているのかもしれません。たまにはこの三鉄則を思い返して、仕事を通して日々の命と愛の大切さを再認識しながら元気に明るく前向きに生きていきたいものです。

非凡は徹底した平凡の積み重ねから

「勝った最大の理由は奇策ではなく、やるべきことを一つひとつ積み重ねていっただけだ。本来プロ選手とは、当たり前のことを当たり前にできる選手のことをいう」

「当たり前のなかから原則を見つけだした者が勝者になる」

これはプロ野球の野村克也元監督の言葉です。次に紹介するのは、元東芝社長の岩田弐《かず》夫《お》氏が、当時の新入社員に向けて語った訓示の一部です。

「平凡に徹せよ。凡人がウルトラCのようなことをすればケガをするに決まっている。平凡の持つ豊かさ、平凡の難しさが本当にわかるには歳月がかかる。この平凡が本物になったとき、これを『非凡』というのだ」

飲食業界の接客サービスの基本も、この平凡、つまり当たり前のことを当たり前に行うことにあると思います。当たり前のことのなかでもとくに大切なのが、日々の挨拶です。きわめて当たり前の、至極真っ当で平凡な心のやりとりである挨拶が、どれほどできているでしょうか。この平凡な行為が当たり前に行われ、お客様と心が通い合うようになれば、やがていつの日か非凡なサービスが生まれます。

人間関係のすべてはおそらく、この「当たり前のことを当たり前に」がキーポイントになるはずです。「当たり前のことを当たり前に」は、人と人との交わりを根底から支えていて、植物にたとえると根に相当します。その根は地中深く伸びていき、十分なる養分を幹に供給します。すると幹は幹で、天に伸びゆく枝葉を成長させ、花を開かせ、実をも結ばせるでしょう。また太陽も雨風も、ときに適量と過度を繰り返しながら地上に降り注ぎ、小さな苗木を大木へと成長させます。私たちの人生も晴れの日もあれば雨の日もあり、苦楽を重ねながら生の在りようを体験し、人生観、世界観を紡いでいきます。

人があってのこの世の中。人間の心があっての人間関係。お客様との心のやり取りがあってこそのビジネスの成立と成功。幸い、ラッキーピエロはサービスが良いとの評価を少しばかり頂戴していますが、じっくりと時間をかけて、〝本物に至る非凡〟までに成長させたいと切に願っています。

いますぐやろう、時は金なり

時間はどんな人にも平等に、1日24時間与えられています。80歳まで生きても約2万

９２００日、時間にして70万時間余で、宇宙時間と比較すると、ほんの一瞬の生命です。そんな人生を生きるのだからこそ、時間の尊さを心の底から理解して、時間を大切に生き抜かなければならないのですが、現状、時間を守るという小さな約束ごとですらなかなかできない始末です。また、何かやろうと思っても忙しいからという逃げ口上になってしまいます。

私たちの口からすぐに飛び出してくる「忙しいから」という弁解。大切なこととは知りながら、なかなか実践に取り組めないたくさんのことをあえて振り返ってみると、「忙しいからできない」というのは口実、弁解に過ぎないという気がしてきます。

本当に忙しい人ほどいつも多忙をきわめているのに、逃げ口上など言わないものです。忙しければ忙しいほど時間の捻出に心を向けものごとに取り組んでいく。そうしなければ何もでき得ないことをよく知っているからです。

「ものを頼むなら忙しい人に頼め」という言葉があります。暇で時間があり余っている人ほど、かえって無駄に時を過ごし、何かを頼んでもルーズで時間どおりにやってもらえないものです。

考えてみると、どんなに忙しくても乗り物に乗っている時間やトイレに入っている時間など、探すとけっこうまとまった時間があるものです。１日たった10分間、本を読んでも

1年続けると3650分、約60時間。人生の半分、もし40年間続けたら100日も読書をしたことになります。

毎日のわずかな時間でもそこに集中できれば、気づいたときにはたいへん大きな成果が得られるはずです。私たちも大いに挑戦しましょう。

お金を落とすとチャリンと音がしますが、時間を落としても音がしないから、人は落としたことに気づかないといいます。また、時間は見えません。目に見えないものは忘れがちになってしまい、時間は永遠にあり続けるかのような錯覚をしてしまいます。

今日はまたと巡ってはきません。今日を無駄にする人は一生を無駄にする人です。明日があると思うな。すべからく「一期一会」の心構えですべてのものごとに向き合うべきではないでしょうか。

時は金なり。やらなければならないことがあるならば、いますぐにでも始めましょう。

「賢者は愚者からも学ぶが、愚者は賢者から何も学ばない」

私は何でもプラスに考え、暗く消極的なことは心に留めないようにしています。同時に私は「人に喜びを与えることのできる人間」「人のお役に立てる人間」「人に奉仕する人間」になれるよう心がけているつもりです。そのためには、自分の可能性を伸ばす勉強は何でも取り入れて学ぶようにしようと、人生に対しても仕事に対しても、そう考えています。『商業界』のセミナーで出会う人のなかには大成功を収めた人や、いままさに伸び盛りの人など、優秀な人がたくさんいますが、抜けた実績をつくった人だけあって、彼らはやはりどこか違います。私の見るところそれは、人生や仕事に立ち向かう根本的な考え方の違いです。要するに彼らは、伸びる発想、プラス発想、良い発想に徹しているのです。

では、彼らの伸びる発想、プラス発想とは具体的にどのようなものなのでしょうか。彼らとおつき合いさせていただくうちに、彼らを伸ばしている発想法の一部がわかってきました。それをまとめたのが次の20項目です。ご自分の発想法が伸びゆく発想法に合致しているかどうか、チェックしてみてください。

①お店や職場は自分を伸ばし、豊かに自己表現する場であると考えよ
②困難な仕事こそ、自己の可能性を引き出すチャンスと考えよ
③一見マイナスと思われることのなかにもプラスを探し出すようにせよ
④いかなる仕事にも積極的に参加してガッチリ受け止め、主導権を取って仕事をするよ

う心がけよ
⑤毎日が自己の伸びる日である。何でも自己啓発の教材であると考えよ
⑥仕事に使命感を持つよう心がけよ。たとえどんなに部分的な作業であろうと、それが全体を生かしているのだという自覚を持つよう心がけよ
⑦借りのある人生から貸しのある人生への転換を志せ
⑧「人の行く裏に道あり花の山」。人が嫌がる仕事でも、これ教材にするよう心がけよ
⑨いまを100％生かそうと志せ
⑩常に先入観を打ち破り、新しい観点からものを見るよう心がけよ
⑪何でも偏った、一面的なものの見方をしないよう留意せよ
⑫ものごとを明るい面から見るようにせよ
⑬失敗からでも何かを学んで立ち上がるようにせよ
⑭人の身になり、相手の立場になって考えよ
⑮どんなときでも「人のお役に立とう」と考えよ
⑯どんなときでも「人を喜ばせよう」というサービス精神に徹するよう心がけよ
⑰人の言葉に耳を傾け、人の体験によって学べ
⑱本当は皆、善人なのだ。どんな人とも友達になるよう心がけよ

⑲人に恩を着せず、人が恩に着る人になるよう心がけよ
⑳さあ何でも来い！　よくなるしか仕方がないのだと明るい発想で毎日を送れ

チェックの結果はいかがでしたでしょうか。

ほんの小さな心の転換や発想の転換によって、どれほど大きな変化を呼び込むことができるのか。本当は誰もが知っているのだろうと思います。うまくいかないのはただ、転換のやり方が稚拙だったり、時期を先延ばしにした結果にすぎないのではないでしょうか。

一度しかない人生、できることならば成功者に名を連ねたいところですが、ときには敗者の門をくぐらなければならないこともあるでしょうし、それによって堪えがたいほどの苦しみを味わうかもしれません。しかし、沈んだ後は浮かび上がるしかないのですから、決して諦めることなく、刻苦勉励して乗り越えなければなりません。このとき、力を与えてくれるのが先達、すなわちすでに成功を収められている諸先輩方です。

先に挙げた20項目から成るチェックリストの内容をご覧になって、思わず「私には無理だ、真似できない」とつぶやいた方も多いのではないかと思います。ことほどさように成功者への道は険しく、生半可なことでは通してくれないのです。

しかし、私がそのことを理解したのは、間接的ながら成功を収められた諸先輩方との接

触があったからで、そうでなければ道の険しさも目指す山の高さもわからぬまま、無手勝流で戦わねばなりませんでした。それを思うと、「先達はあらまほしきことなり」という兼好法師の言葉がいまさらながら胸に滲みてきます。さらに、私の経験からいわせていただくと、先達ではまだ弱い。望むらくは師と呼べる人が欲しいところです。

　商人や町人に倫理的な生き方を説いた、江戸時代の思想家、石田梅岩も「よく師を得る者は王となり、われに如くはなしというものは必ず滅びる」という言葉を残しています。これは、成功を収めたあと唯我独尊というか、天狗になるのを戒めた言葉ですが、「自分より優れた人は世の中にいっぱいいるのだから、その人を発見して師と仰ぎ、一生懸命学ばせていただくとよい」というようなこともどこかでいっていたような気がします。

　また、「賢者は愚者からも学ぶが、愚者は賢者から何も学ばない」というそうですが、愚者にならない方法が一つだけあります。それは何かといえば、師の真似をすることです。オリジナリティを出さなければ、などといった考えは念頭から消し去り、一から十まで徹頭徹尾、師の真似をする。そういう手法も考えられていいのではないでしょうか。何といっても、「学ぶ」という言葉は語源的に「真似《まね》る」からきているという説もあるくらいですから。

運をよくするために

私たちが日頃、何気なくしゃべっている言葉は、「発声音」だけでなく、しゃべっている本人の「思念（思い）」と「表情」の三つの要素から成っているという説があります。その説に従うと、しゃべっている内容、そこに表れている思い、表情が人生に大きく影響してくるのだ、ということになります。

たとえば運の悪い人は、自分がいかに運に見放されているかということを、クドクドと人に語り、運の悪い表情をしているものです。それを知らない人のなかには「あんないい人がなぜ運が悪いのだろう」と首を傾げる人もいたりしますが、この説に立てば理由は簡単。平素、使っている言葉（発声音、思念、表情）が悪いからです。

言葉が人生に多大な影響を与えるとするこの説には、バックボーンというべき理論があります。その理論を打ち立てたのは心理学者のジークムント・フロイトで、彼は人間の表に現れている意識（顕在意識）は意識全体の20％でしかなく、残りの80％は潜在意識に隠れていて普段は表に出てこない、と考えます。そうしたうえで、顕在意識が働かないとっさの瞬間や無意識状態のときには、潜在意識に記録されている過去の記憶が形を変えて蘇ってくる、と説いています。

潜在意識というものは、いいこと、悪いことを関係なく記録する、いってみればレコードやCDみたいなもので、無意識のうちに運の悪いことばかり語ったりするのは、その潜在意識に溜め込まれた運に関するマイナスの記憶が表に現れるからだとなります。その結果、悪いループが生じてしまいがちです。逆にプラスの情報で潜在意識を満たせば、運はおのずからよくなる、というのがこの説のいわんとするところです。

さて、読者の皆様はこれを信じますか、信じませんか。

私は信じたいと思いますし、信じています。それはもちろん、運がよくなりたいというのもありますが、それだけではありません。「私は運が悪いから」と下を向いて歩いていくのも一生、「私ほど運のいい男はいない」と上を向いて歩いていくのも一生。同じ一生なら、たとえ空元気であっても「私は運がいいのだ！」と信じて、明るく前向きに生きていくほうがいい、そうありたいと思いませんか。

運のいい人生を明るく前向きに生きていくには、想念を明るくするだけでなく、現実的な努力も必要です。何はさておき口から吐く言葉に注意して、ネガティブなことは極力いわないようにしなければなりません。言葉は想念世界に直結していますので、この一点をおろそかにしていると、運のいい人生も明るく前向きに生きることも、単なる夢で終わってしまうでしょう。

運のいい人生にするには、おつき合いする人の選定にも十分な注意を払う必要があります。昔から「朱に交われば赤くなる」というように、つき合う人によって人間性も運命も大きく変わってしまうことがあるのですから、可能なかぎりポジティブな人とおつき合いするようにしたいものです。

有名な話なのでご存じの方もいらっしゃるのではないかと思いますが、アフリカへ行って靴を売ってこいと命じられたセールスマンがいました。そのセールスマンは、「アフリカに来てみてわかったことだが、アフリカの人たちは大昔から靴を履いたことがない。靴を履く習慣がないのだから売れっこない」とあきらめて帰ってきてしまいました。次に命じられたセールスマンは、「ええ？　本当に靴を履く習慣がないの。じゃあ、靴の効用を説明したらたくさん売れるよ」と勇んで出かけていきました。

われわれのつき合うべき相手は前者か後者か。もちろん後者に決まっていて、前者のようなネガティブな人とおつき合いしても、学ぶべきものはあまりないのが普通です。なぜか。感覚や勘などの経験知（これをいまだ言語化されていない知識という意味で「暗黙知」ともいいます）が足りないからです。これに対して、文章や数値で伝達でき、学ぼうと思えばだれでも学べる知識や情報を形式知といいますが、その形式知と感覚や勘などの経験知、いずれがビジネスの現場でより役に立つかといえば、圧倒的に経験知です。それが証拠に、一流の経済人は総じて勘が鋭く、中には勝負師と見紛うほどの人もいるくらいです。

その経験知は、文字どおり経験からしか得られないというのですから、実行力、行動力に欠けるビジネスマンはかなり深刻です。ましてや何に対しても否定的で、何かにつけてNOを連発する人は、周囲に毒ガスをまき散らしているようなものです。思い当たる人が近くにいるなら、極力影響を受けないようくれぐれも注意が必要です。

微差は大差

顕在意識と潜在意識、これもパレートの法則といっしょで20対80だそうです。表に出ている20%の顕在意識の背後には80%の潜在意識が隠れていて、この潜在意識に私たちがいつも考えていることが蓄積されています。いいことも悪いことも関係なく、蓄積されていきます。

だから、「あのバカ野郎。あいつなんか大嫌いだ！」といつも心のなかで思っていると、知らず知らずのうちに平素の感情が顕在意識に紛れ込んで表に出て、大喧嘩になってしまう。反対に「あの人、いい人。大好き」といつも思っていると、会った瞬間から自然な笑顔が浮かんできて、交渉もうまくいくといいます。

「ポジティブ・メンタル・アティチュード（肯定的精神姿勢）」になって人生に挑戦するのか、「ネガティブ・メンタル・アティチュード（否定的精神姿勢）」になって後ろ向きの人生を生きるのか。これが月とスッポンほどの違いを生みます。

だから、私たちは積極的心構えで、お客様のために、スタッフのために、取引業者のために、地域のために挑戦していかなければならない。日々挑戦の連続だと思います。その連続を根気強くやり通した人が成功を収めるのではないでしょうか。

微差は大差です。日々の一瞬、一瞬を比べただけでは大きな違いはないのだけれど、人生という大きな舞台に拡大すると、取り返しのつかないほどの大差がつく。だから、小さな努力の積み重ねを忘れてはいけません。ウサギとカメの話だけでなく、これを教える説話は洋の東西を問わずどこにもあるようです。しかし、言うは易し行うは難しで、実践するとなると小さなことだけになかなかにたいへんなようです。

微差は大差——胸に刻み込んでおきたい言葉です。

人生の〝出会い〟と〝結び〟

人生における〝出会い〟ほど不思議なものはありません。偶然に思えるような人との出会いによって人生が一変してしまうことも決して珍しくないようです。

出会いには、大きな意味で愛があると私は考えています。英語では「Ｌｏｖｅ」、中国語では「爱」。ところが日本には古来、愛という言葉はなく、古事記では「産巣日」という言葉で愛を表現しています。

この「産巣日」つまり「結び」には新しくモノを生み出す、創り出すという、愛より遥かに深遠な意味合いが含まれています。たとえば、縁あって出会った男女２人が愛を育んで家庭をつくると、やがて子どもが産まれてきます。すなわち子どもという素晴らしい新価値の創造が出会いの〝結び〟として成されるということで、この新価値の創造こそが、出会いから発展した「産巣日」すなわち「結び」という言葉の意味なのです。

さまざまな分野での成功者の話を聞いたり読んだりすると、誰か（あるいは何か）と出会うことによって素晴らしい成功への第一歩を踏み出している、つまり結びを得ていることがとても多い。言い換えると、その人物あるいはモノとの出会いがなかったら、その人の成功はなかったろうと思われるほど決定的な出会いと結びがあるのです。

また、成功者には必ずといっていいほど、良き協力者との出会いがあります。思いもかけなかったタイプ、前々から熱望していたタイプ、いろいろなタイプがこの世の中にはいますが、案外、自分では期待していなかったタイプとの出会いが助力になったりすることも多く、出会いには決して偏見を持たず、人を大きく受け入れる寛容の心が非常に大切だと思われます。

私も、どんなに忙しくても、事務所を訪ねてくださったり電話をくださったりする方々には必ずお会いするよう、また、いい加減な気持ちで会ったりせぬよう、心がけています。素晴らしい出会いと結びのチャンスを逃したくないからです。

もちろん待っているだけでなく、どこそこに素敵な方がおられると聞くと、全国どこへでもすっ飛んで行ってお会いすることにしています。

「来る人も、訪れる人も福の神」。そして、出会いを得た人にはまず、こちらから与える努力を惜しみません。そして、一生懸命に穴堀りをし、豊かな葉をつける大樹になる根を育て上げ、豊かな果実の結びのために、最大限の努力を惜しみません。

皆さんも、ご自分の過去を振り返ってみてください。あの人と出会ったことにより、私の人生が変わったという出会いが必ず二つ、三つはあるはずです。進学、就職、結婚、その他あらゆる場でたくさんの出会いが待ち受けています。

「人生は出会いが大切」と簡単に、また軽々しくいわれますが、私たちは今日まで何万人、何千人と出会っていても、結びまでの発展に努力を重ねなければ何も生まれず、創造することもできません。

この結びの大切さをよく理解して、毎日の生活のなかで結びの縁となる新しい出会いを大切にしていきたいものです。

これまでご縁をいただいた方々は、私にとって何ものにも替え難いほど尊いものですが、わけても苦楽を共にしてきたスタッフの皆さんとの出会いはわが生涯の宝物です。この出会いの縁を永遠の結びに発展させるよう、ラッキーピエロという果実をますます豊かに甘く、この果実をほおばって誰もが幸せになれる、そういう結びのためにもうひと踏ん張りしたいと思っています。

第3章

繁盛する店とはどんな店か

サンタが
函館に
やってきた
十字街銀座店

お店にとっていちばん大事なものとは？

お店にとっていちばん大事なものは何だと思いますか。素晴らしい商品（料理）？　素晴らしいサービス？　素晴らしいスタッフ？　どれも当たりのような気がします。しかし、これらを完璧に生み出すことができたとしても、無人島ではビジネスを行うことはできません。当たり前のことですが、お店というのはお客様が来てくださらなければ成立しないのです。つまり、お店を存続させることができるかどうかは、お客様に支持され続けることができるかどうかの、一点にかかっているのです。

それでは、どうしたらお客様から支持され続けることができるのか。答えは簡単。お客様に対して価値を生み出すことができれば、お客様は支持し続けてくださいます。つまり、お店の存在意義とは、お客様に価値を提供することなのです。

では、提供すべき価値とは何なのでしょう。それはお客様にとっての満足です。すべてのビジネスの価値は、最終的にはお客様が満足したかどうかで決まります。お客様の立場で考えてみればすぐに理解できるはずです。

料理をつくったり、サービスを提供したり、清掃したりするのはあくまで手段であって、目的ではありません。お客様がお店に来てくださって、商品をお買いになるのは、すべて最終的には満足を得るためであるはずです。ですから、私たちにとってはお客様の満足を追求することが不可欠なのです。

すると、次は「果たして自分の仕事ぶりは、お客様に満足を与えているのだろうか」というテーマになってきます。

お客様の行動を観察していると、なぜあの商品を買うのだろうとか、なぜあの店から買うのだろうとか、ときどき疑問に感じられることがあります。繰り返しますがそれは、そのお客様がそのことに価値＝満足を見いだしているからにほかなりません。

たとえば、多くの人がコンビニを利用していますが、なぜ人々はコンビニで買い物をするのでしょうか。それは近くて便利だからです。が、もっと近距離のところに別のコンビニができたら、「近い」という価値はたちまち薄れ、競争に負けるかもしれません。「あの店は品揃えが豊富だから」という理由で通っていた人も、もっと品揃えを充実させたお店がオープンすれば、そちらに足を向けるはずです。

家電量販店のウリは、何といってもその安さにあります。低価格を実現したことによって一般の電器屋さんとの差別化に成功したわけですけれど、もっと安い量販店ができたらどうでしょうか。やはり、従来からのお客様をつなぎ止めるのは難しくなるでしょう。

東京の町田市というところにサービスがいいことで知られている「でんかのヤマグチ」という電器屋さんがあります。とくに保守サービス、アフターサービスが素晴らしく、それを期待して電化製品を購入するお客様が多いのだとか。これはもしかすると、量販店の攻勢に対抗し得るのではないか。そのための武器になるのではないか。つい、そう期待してしまうほどサービスが充実しているのです。

対応がテキパキとしていて、笑顔がよい。店員が自宅まで運んでくれる。買った電化製品を店員がすべて覚えていてくれる……ここまでくると、他店が真似をしようとも真似しにくい領域に入ってきます。そこからさらに「『でんかのヤマグチ』が好き！」となると、これはもうきわめつけ。他店はほとんど対抗できなくなります。なぜなら、好きとか嫌いとかは感情の世界であり、論理的に真似をしようとしても困難な世界であるからです。

ここで見逃してならないのは、「あの店が好き！」の理由を分析していくと、そこで働く人間に行きつくことです。「でんかのヤマグチ」の場合、お客様のご自宅を訪問しては、何か不具合がないかどうか聞き回っているらしいのですが、お客様の役に立とうというその思いと熱意。それが「あの店員さんが好き」という最高の差別化につながるのです。〝あの店員さん〟はほかの店にはいないからです。ハコは真似できても、ヒトを真似るのは難しいのです。換言すれば、繁盛店になるには、「あなたから買いたい」と指名されるスタッフがどれだけいるかにかかっているのです。

飲食業は「お客様喜ばせ業」

人生の成功もビジネスの成功も、究極的には自分以外の他の人をどれくらい喜ばせたかで決まります。「お客様」の範囲はとても広い。直接お金をいただく顧客を指すだけでなく、社内を見ればスタッフ、あるいは取引業者さん、地域に住まわれる人々、そのほか自分を除くすべての人々が含まれるのです。

人はみな、喜びや幸福を求めて行動しています。喜びを求めない行動などないといっていいかもしれません。ですから、人は喜びを与えてくれる人のところに自然と集まってきます。

とくにビジネスの世界では明確です。喜びをより多く与えてくれるお店や会社に人は集まり、そうでないお店や会社には人は集まりません。したがってビジネスで繁盛、成功する秘訣は多くのお客様をどうやって喜ばせるかをスタッフ全員が日々考え、確実に実行していくことにあります。

人間は自己中心的な生き物で、無意識のうちに自己の喜びを優先し、相手の喜びは二の次にしてしまうという習性があります。だからこそ、お客様の喜ぶことを第一に考え、行動できた人が数少ない成功者になるというわけです。

ラッキーピエロでは毎朝、「お客様を喜ばせよう、満足させよう」とスタッフ全員で唱和していますが、それは自己確認のためであります。「今日もお客様を喜ばせるぞ！　満足させるぞ！」と大きな声で宣言することは自分自身に対する確認と同時に啓蒙を呼び起こし、お客様を喜ばせようという気持ちが心の底からおのずと湧き上がってきます。

「お客様を喜ばせよう」というのは、意識に働きかけるだけでなく、実際に行動することが肝要です。愛が行動をともなって初めて生きてくるように、行動、実践のともなわぬ意識改革は無意味です。

具体的にお客様を喜ばせる最低限の接客術を三つ挙げると、次のようになります。

①お客様のお名前を呼んでお迎えする

「○○様、おはようございます」
「○○様、いつもありがとうございます」
「○○様、今日は寒いですね」

②お客様にスマイルで接し、ひと声がけをする
③商品のお届けはスマイルで、トレーを両手で持っていねいにお渡しする

「継続は力なり」です。「成功は習慣の産物」ともいいます。繁盛店を目指すなら、まず1カ月続けましょう。続けることで習慣化し、生きる喜び（他己と喜びを分かち合う）が自然に定着していくでしょう。

そして、人もお店も良い方向にどんどん変わりはじめ、やがて人としての成功とお店としての成功の、二つの成功を手に入れることができるでしょう。

お客様に儲けさせること。それが繁盛店への一里塚

私たちラッキーピエログループの合い言葉は「お客様に儲けさせよう」です。「儲けさせる」とは少々、刺激的な言葉ですが、要は来店してくださったお客様に得をしていただこうという意味で使っています。ラッキーピエログループすべてのスタッフは、常にお客様の味方になってほしい。そうすることが店の繁栄、ひいては自分の利益に跳ね返ってく

ると固く信じています。

「儲」という字をよく見ますと、左側が「信」、右側が「者」です。つまり、信じる者になってもらうことが儲ける秘訣であることを表わしています。では、どうすればお客様にお店を「信じる者」、すなわちお店の信者になっていただくことができるのか。そのための方策はいくつもあるでしょうが、いちばん確実なのはお客様にこの店に来て得したと思っていただくことにほかなりません。

ですから私は「どうしようかと迷ったり、判断のつきにくい場面に遭遇したりしたときには、すぐにこの合い言葉『お客様に儲けさせよう』を思い出して、お客様が得をするほうを選んでください」とスタッフにお願いしています。常にお客様の利益を守り、生命の次に大事なお客様のお金を大切にしてほしいと切に願っているからです。

得をしていただくこととは、お客様に損をさせないこと、よりお客様のお役に立つことです。これからもスタッフには、自分の都合や店の利害は後回しにして、ただひたすらお客様の利益を守ってほしいと願っています。「お店はお客様のためにある」の商いの原則を徹底するところに、繁盛店への道が開けるのです。

繁盛店づくりの原則

お客様が来店されなければお店は成り立たないという、至極当たり前のことを確認したところで、繁盛店づくりの原則を整理しておきましょう。まずは「基本の6条件」です。

①立地力

お客様の便利なところに店を構えることです。レストラン業は「一に立地、二に立地、三、四がなくて五に立地」といわれるくらいの立地産業です。立地条件を見極めることが成功につながります。

②商品力

美味しい名物料理の提供は、レストラン業にとって最重要項目です。提供する料理が美味しくなければお客様は二度と足を運んでくれません。ただし、料理が美味しいだけでは「この店はすごい」と褒めていただくのは難しい。

その店の商品力は、

・まず美味しい（味の質）

・見た目も美味しい（視覚的な表現力）
・待たせないで、タイミングよく料理が出てくる（提供スピード）
・いつ来ても同じ味（味と質の安定化）
の四つです。この四条件が揃っていないと、「すごい味！」とは言ってもらえません。

③サービス力

心温まるサービスができなければ、レストランとしては失格です。レストラン業のサービスとは「お客様を心からおもてなしする」ことです。

スタッフの身だしなみ、接客動作と接客用語、笑顔、心配りの四つを順に一つひとつ確実にやりこなし、最後の「心配り」まで登りつめていくことでサービス力の向上を図ります。

④店舗力

居心地よくできているか、仕事がしやすくできているかという店舗力も重要です。

店舗の見てくれは重要です。お客様にとって居心地のよい「デザイン」「カラー」「室温」「照明」「音響」に注力しなければなりません。と同時に私たちは「料理を美味しく、しかも待たせず、いつも同じ味で提供」することが求められています。つまりは商品力を完璧に発揮することが必要で、店舗はそのための機能を備えていなければなりません。具体的には、厨房を主とした「機能」「広さ」「動線」「換気」です。

⑤清潔性

どんなに美味しい料理ができても、そして笑顔あふれる接客ができても、また素晴らしい店舗デザインであったとしても、窓ガラスが曇っていたり、床が汚れていたり、イスやテーブルがキレイでなかったら、お客様はどう思われるでしょう。「店内がこんなだから厨房も不潔に違いない」と想像し、「もう二度と来るのはよそう」となりそうです。料理やサービスと同じレベルで清潔性は大切なことであって、レストラン業においてこれも商品の一つとさえいえるのです。すなわちクリンリネスは商品力、サービス力と並んでレストラン業の現場力を表わす三大要素の一つに数えられています。どんなに忙しくても清掃の手抜きは断じて許されません。

⑥企画・宣伝力

お客様に得をさせる何かをつくり出す能力、お客様を感動させる楽しさを提供する能力、それが企画力です。そして、お店に来ていただければ感動・感激が得られることを広くお客様に伝え、訴えかける力が宣伝力です。その双方の力が求められています。

以上の1～6までが、繁盛店づくりのための「基本の6条件」です。熟読玩味して、この6条件それぞれのレベルアップを目指していただきたいと思います。

変わる繁盛店の条件

じつは、時代の変化とともに繁盛店になるための条件は変わってきています。だから先の6条件には「基本の」という言葉をつけました。これまで私は6条件のうちでは「商品力」「サービス力」「店舗力」の三つが最重要項目だと考えてきました。

別の言い方をすれば、いついかなるときでも、まったく同じ品質で料理を提供できる「クオリティ（Quality）」であり、誰がやっても、どんなときでも決められたとおりの接客ができるレベルの「サービス（Service）」であり、いつもドライでピカピカに磨き込まれ、しかも整理整頓ができている「クリンリネス（Cleanliness）」であることが求められてきました。つまり、どのスタッフがやっても、いつどんなときでも、まったく同水準の運営ができている〝安心レベル〟こそがレストラン繁盛店の条件だったのです。

それが現在では、レベルをもう一段上にステップアップすることが求められています。

いままでの「Q・S・C」は安心レベルであったのですが、これからはレベルを一段階上げた「DHA」になりました。すなわち、「感動・感激をもたらす美味しさ（Delicious）」「ホスピタリティ（Hospitality＝もてなし・思いやり）」「アトモスフィア（Atmosphere＝雰囲気）」です。

どこにでもあるような普通レベルの料理ではなく、お客様が「これはうまい！」と感動・感激してくださる料理づくりが求められています。食材・調味料などの見直しや調理技術の向上が必要とされ、そのためには、食材の産地に出向き、生産者とのコミュニケーションを通して良質の食材を確保する必要に迫られるでしょう。そうやって本物の料理を追求し、徹底したこだわりの料理をつくっていくことが重要です。お客様の日常の食生活では体験できない新しい食をいかに提供するか。そこにプロの品質が問われています。

一方で、接客とはこれまで「サービス」ととらえてきましたが、サービスとは「サーバント（召し使い）」から派生した言葉であり、その根底に「主人に仕える」といった受け身の発想があります。つまり、サービス＝接客とは、その言葉のなかに「神様であるお客様」に誠心誠意仕えるという受け身的発想が込められています。しかし時代は移って、従来とは趣を変えたホスピタリティの時代を迎えました。

ホスピタリティとは、病院（ホスピタル）の医師やナースが患者を診て、「一日も早く治してあげたい」と願って治療する心の状態だといえます。レストランにおいては「何が何でも感動、感激して帰っていただきたい」と願う心の状態であり、受け身的ではなく積極的な接客を意味します。これこそがホスピタリティなのです。

さらには、ホスピタリティと店舗の外観やホールの雰囲気の相乗効果が、お客様に「これは楽しい素敵な店だ」と思わせる結果へと導きます。また、スタッフとお客様との会話、お客様同士の会話から生まれてくる雰囲気、アトモスフィアこそが、これからのレストラン繁盛店をつくる大きなポイントとなるものと見られます。

このようなワクワクドキドキ感あふれるお店が、いま繁盛店になっているのです。

感動・感激をもたらす美味しさ

美味しいだけではお客様は足を運んでくれない、と強調してきました。もちろん美味しさを軽んじているわけではありません。むしろ逆です。私どもラッキーピエロ各店が常に意識しているのは、誰にも真似のできない味づくりです。たしかに、美味しいだけではお客様は来てくれません。美味しさは、繁盛店になるための必要十分条件ではないのです。でも、最高レベルに美味しくなければ、絶対に繁盛店にはなれません。徹底した味へのこだわりがあって初めて、お客様が感動し、ファンになってくれるのです。

日経流通新聞が行ったアンケート調査によると、「ファストフードレストランを選ぶ基準は?」の質問に対して65%の人が「味」と答え、「価格」と答えた人(16%)を大きく上回りました。また、「味がよければ価格が高くてもよい」と答えた人、および「味がよければ遠距離でも出かけていく」と答えた人が、それぞれ70%を超えていたとのことです。

こうした結果をふまえて、日経流通新聞は「最近の消費者はカロリーや値段を心配するよりも、美味しい食事を楽しみたいという欲求を強めている」と分析しています。

現代人は飽きるほど美味しいものを食べています。飽食の極みといってもいいくらい食を堪能しています。すると当然、舌が鍛えられます。その鍛えられた舌で美味しさとプライスを厳しく要求してくるのですから、レストラン業者としてはよほど心してかからなければなりません。いまのお客様は、まあまあの味、まあまあの料理は求めません。常に最高の味、最高の料理を求めているのです。

ダントツの味をとことん追求するラッキーピエログループでは、食材や調味料の質に最大限の注意を払いながら鮮度と手づくりにこだわり抜き、なおかつしっかりとした調理技術を身につけるべく日夜励んでいます。そうしてこそ「あの店はうまい」「一流の店だ」「並んでも食べる価値のある店だ」といったお客様からの高い評価をいただけるものと確信しております。

味に関して「もうこれでよし」はありません。どんなに完璧で非の打ちどころがないように見える商品やメニューであっても、あらゆる角度から検討を重ね、商品のレベルアップを図るようにしたいものです。とくに売れ筋の商品については、日頃からこだわりを持ち続けてブラッシュアップしていくことを忘れてはなりません。

雰囲気づくりのための第一歩

いままでは、接客をサービスという感覚で行ってきましたが、これからはホスピタリティという、より積極的な心で取り組んでいく必要があります。

お客様のお迎え、挨拶から始まって、レジでの注文取り、料理のお届け、そしてお見送りに至る四つの決定的瞬間の流れのなかで、個性を生かした、ホスピタリティの精神あふれる感動レベルの接客をどうやって行うか。スタッフ一人ひとりがワンランク上を目指して、意識と心の改革に取り組む必要があります。

とくに大切なのは、素直な気持ちでお客様をお迎えすることです。あるときは友人に接するような気持ちで、またあるときは恋人を迎え入れる思いで、あるときは親戚・親兄弟に対するようにと、お客様への接し方の気持ちを何通りか変えてみることで、何かを掴めるかもしれません。個々のスタッフがいくつかのパターンにチャレンジしてみて、接客の技術が磨かれ、接客への意識がより深まることが重要だと考えます。

以下、ラッキーピエロが行った繁盛店への雰囲気づくりのための歩みをご紹介します。


ラッキーピエロ開業1年目に、スタッフは電話対応の際必ず名前を名乗るようにし、2年目にはお客様からお名前を頂戴し、3年目になるとお客様のお顔とお名前を100名ずつ覚え、お客様をお呼びするときにはお名前でお呼びするようにしました。そのように、年度ごとに目標を設定して、お客様から愛されるお店になるよう、一歩一歩着実に歩を進めてきました。

そして4年目、私たちは「お客様に好かれるスタッフになりましょう」「自分の名前を覚えていただくよう、努力しましょう」という目標を掲げました。これは、繁盛店になるための仕上げを意識した目標で、そのために名札をひらがなに変えたりもしました。

その結果はというと、１００％満足とまではいきませんでしたけれど、及第点には十分手が届くものだったと記憶しています。だからこそ、以来29年にわたってご愛顧を頂戴し続けているのではないかと思います。これもひとえに繁盛店のベースをつくってくださった、当時のスタッフの皆さんのお陰です。

人に好かれる6原則

たとえば、自分も写っている写真を見るとき、いちばん最初に目が行くのは自分です。どんな人でも、写真の中に自分の姿を探し、ちゃんと写っているかどうかを確認してから他人に目が移っていきます。これは人間の本能的な行動といえます。私たちは自分自身にいちばん興味があるのです。

その大切な自分に関心を寄せてくれる人がいたとしたら、私たちはその人のことを心地よく感じるはずです。ましてや自分の顔と名前を覚えてくれていて、いつも親しげに名前を呼んでくれる人がいたらどうでしょう。10人が10人、その人に関心を寄せ、その人に好感を抱くはずです。

人間関係研究の先駆者であるデール・カーネギーが、世界的ベストセラーである『人を動かす』という著書の中で、「人に好かれる6原則」という説を唱えていますが、そこで真っ先に挙げている原則が「誠実な関心を寄せること」でした。そして二番目が「笑顔で接すること」。そして三番目が「名前を覚えること」です。それが本当であれば、お客様の顔や名前をよく覚えている店に人が集まるのは、至極当然のことです。

相手に関心を寄せて、笑顔で接する、そして名前を覚える――これをするのに、経費や税金は一切かかりません。繁盛店を本気で目指すなら、全社挙げての「お客様の顔と名前を覚える運動」を展開してみたらどうでしょう。

ある家具屋さんでは、1人の社員が200人ものお客様の名前を覚えていると聞いて驚きました。また、先日、出張先で某外資系航空会社のアンケート調査に応じた際、「当社のスタッフはお客様をお名前でお呼びしましたか」という項目を発見して目を丸くしました。常日頃からお客様を名前でお呼びするよう指導していることが窺えますが、何万人という顧客を抱えている航空会社でさえここまで徹底しているのです。私たちレストラン業でできないわけがありません。

ちなみに、カーネギーの6原則の残りの三つは、「聞き手に回ること」「相手の関心を見抜くこと」「誠意を込めて接すること」です。いずれも相手に対する誠実さを意味しています。

お客様は数あるお店のなかから私たちのお店を選んでくださっているのですから、それに応えて、温かなコミュニケーションを心がけたいものです。

雰囲気づくりに欠かせない「5S」

・お店の中がグチャグチャになっていませんか
・レジ周りはすっきりしていますか
・床にゴミが落ちていませんか
・スタッフの身だしなみは大丈夫ですか
・素敵なあいさつをしていますか

5Sという言葉をご存じかと思います。5Sとは「整理・整頓・清掃・清潔・躾け」のことをいい、これらの言葉のローマ字表記の頭文字を取って5Sと称しています。これは目新しいものでも何でもなく、私たちが子どものころから聞かされてきた言葉です。

従来、モノづくりの環境整備を目的に「5S運動」として取り組むメーカーはたくさんありました。ところが近年、「5S運動」は製造業だけでなく小売業や建設業、そして私たちのサービス業にも浸透しはじめています。5Sはすべての産業の基礎をつくっているといっても差しつかえないようです。

会社やお店を一本の木にたとえると、5Sは大樹を支える根に相当します。根が小さければ小さな実しかならないでしょうし、風雨が強ければ木は倒れてしまいます。5Sはお店を根底で支えているのです。

皆さんのお店に垢がたまっていませんか。新規オープンのときには店構えから看板、内装、什器、メニュー、果てはスタッフの制服まですべてが真新しく、そこで働く人の心も新鮮で、夢と希望に燃えてスタートしたものです。その後、あわただしく月日が過ぎ、何カ月、何年か経過したとき、お店にとってマイナスになること、よくないことが起きたら、じっくり腰を据えて取り組まなければなりません。このとき、付け焼き刃的に対処すると、マイナスをもたらす何ものかが、あたかも人の垢のように積もりはじめます。店長をはじめとするスタッフに妥協と驕りと馴れが知らず知らずのうちに蔓延してくるのです。

お客様は常に新鮮さや感動、あるいは当初と変わらぬ安心感を求めてお店に足を運んでくださいます。そして、その期待値より高い体験が得られれば感動となり、低いと失望となって店から足が遠のきます。そうならないためには、土台となる５Ｓをしっかり管理して、５Ｓの効果を最大限に引き出したいところです。

ここで、５Ｓの効果として何が期待できるかを確認しておきましょう。

①店舗効率・仕事効率のアップ

不要なモノを場当たり的に置いていたら、お客様に迷惑をかけるだけでなくスタッフの動きを妨げます。結果、仕事の効率を悪くし、売り上げに悪影響を及ぼします。

②在庫回転率のアップ

要るモノ、要らないモノをはっきりと分け、過剰在庫と過剰置場を排除することで、いままで見えなかった問題が顕在化し、それが在庫回転率のアップにつながります。

③接客サービスの質の向上

必要なモノをすぐに見つけられるようにし、使ったら元のところに戻す習慣を身につけます。お客様が欲する商品をすぐに探せるようになります。その結果、お客様へのサービス向上に結びつきます。

④宣伝効果のアップ

あのお店はいつもきれいだ、あのお店の陳列は素晴らしい、あのお店は買いやすい……お客様の評判は人から人へと自然と輪になって広がっていきます。

⑤スタッフのモチベーションアップ

5Sに励んでいると、スタッフ一人ひとりの心に「お客様をキレイな美しいお店で迎えたい」という気持ちが芽生えます。お店の美しさはスタッフ一人ひとりの心の美しさに比例するのです。5Sにはスタッフを成長させる意味合いがあります。

トイレを見れば繁盛しているかどうか、一目でわかる

トイレの清掃を体験しなければ、清掃の本当の意義は理解できない。こう語るイエローハット創業者の鍵山秀三郎氏のビデオを見て以来、トイレ清掃の大切さをつくづく感じるようになりました。

トイレの清掃は一般にはしたくない仕事であり、嫌悪感さえ持たれがちです。

しかしながらトイレはプライベートな空間であるにもかかわらず、家庭では家族との共有の場であり、お店のトイレでは見ず知らずの他人との共有の場ですから、その掃除には自分自身の原点にある道徳観や倫理観が表れるともいえます。

自分が使用して心地よく感じられるくらいキレイに清掃し、誰もが安心して使用できるトイレをお客様に提供する。そうすることがサービス業の原点であるといっていいと思います。

かつてトイレは、とくに公衆トイレなどは汚い場所というのが通り相場でした。しかし最近は、駅や列車や空港のトイレ、果ては公園のトイレに至るまでとてもキレイになりました。そんなところでも時代は変化しているように思えます。

当社でも、スタッフの心のこもった清掃によって美しく保たれたトイレは、この上ない安心感を与えてくれます。オーバーにいえば、鍵山氏の言うとおり「思わず手で触れてみたくなる」くらいです。それほどまでに、常に美しく磨き上げておいてほしいと思います。

どんなに高級感あふれるインテリアで飾りつけ、このうえもなく美味しいご馳走を提供してくれるレストランでも、少しでも不潔感のあるトイレが明らかになれば、お客様は幻滅するはずです。せっかくの雰囲気づくりも、トイレの汚れがあるだけですべてが台無しになります。

レストラン業界では、トイレを見ればその店の繁盛度合いがわかるとさえいわれています。トイレこそ当店でいちばんの美人にしてやろう、というくらいの意気込みで掃除に取り組みましょう。

もちろん、トイレだけではありません。気のつきにくいところまで清掃に励み、他店との差別化を図るのです。ちなみに、私の目から見た清掃のチェックポイントを挙げると次のようになります。

・窓ガラス（いつもピカピカ）
・サッシの溝（とくに自動ドアの溝に注意）
・傘立て（中にホコリや砂がたまりがち）
・観葉植物（葉っぱのホコリを1枚ずつ拭き取る）
・消火器（毎日磨く）
・看板（看板はお店の顔）
・名札（名札はあなたの顔）
・更衣室（お客様に見えないところこそ美しく）
・駐車場の雑草・ゴミ・空き缶（店内と同じくらいキレイに）
・エプロン（エプロンはあなたの晴れ着）
・冷蔵庫、冷凍庫の内部（食材の美味しさに直結）
・在庫棚の整理整頓（取りやすさと美しさは相関する）

・階段（階段にはモノを置かない）
・ポスター類（縦横合わせてきちんと貼る）

苦情という名の贈り物――良いループをつくれ

他店にない美味しさを追求し、おもてなしも店の雰囲気にも自信が持てるようになったとしても、時としてお客様から苦情を頂戴することがあります。こういう場合、どうするか？　繁盛店を目指すのであれば、万全な苦情対策を考えておくべきでしょう。

苦情を考えるとき、真っ先に思い出すのがジョン・グッドマンの法則です。たとえば、１００人が買い物行動をすると、60人は満足し、残りの40人は何らかの不満を抱くという経験則があります。「40人もいるのか？」と訝しげに思う人は、ご自身の買い物行動を思い起こしてください。たとえば、買った製品に問題がある場合や、サービスやクリンリネスが行き届いていない場合は、不満を感じませんか。

さて、お店に何らかの不満を感じた場合、苦情を申し立てるお客様もいれば、黙って立ち去るお客様もいます。黙って立ち去られてしまうと、私たちは不満の元を正す機会を失ってしまいます。それに対して苦情を申し立てるお客様は、私たちに何かを訴えようとしている分、再び来店してくださる可能性が高いといえます。これがグッドマンの法則です。

お客様が何を望んでいるのかを知る最良の方法は、お客様からの苦情に耳を傾けることです。お客様の苦情は市場をより理解するための経営資源の一つであり、料理、サービス、クリンリネス向上のプログラムをつくる際の基礎データなのです。つまり、苦情や不満は、お客様の要望を満たすためのヒントになったり、お店の変革を促すきっかけになるのです。ですから、決して苦情を無駄にしてはなりません。去り行かんとするお客様の不満や苦情を快く、感謝をもって受け入れなければなりません。

苦情はお客様からの贈り物であると受けとめ、苦情という名の情報をよりうまく活用していきましょう。苦情は〝ツキモノ〟です。苦情あってこそ気づく事実を「ありがとう」と謙虚に受けとめ、その処理に全力を投入しましょう。

苦情の相互作用

お客様の苦情が解決されたあとに、苦情を申し立てたお客様が往々にして良い評判を発信することがあります。これが「苦情の相互作用」です。私たち人間は、自分にプラスになることをしてもらうと、そのお返しに何か親切なことをしたくなりますが、心理学では、そういう心理状態を指して「相互作用」と呼んでいます。

もう少し詳しく申し上げれば、お客様がお店に対して不満を感じていた場合に、お店が何か良いこと、たとえば直接ていねいに詫びたり、詫び状を送ったり、割引券を差し上げたりしたら、たとえそれが小さな行為であってもお客様はいい印象を抱き、良い店として友人や知人に話すことになるということです。

お客様との相互作用の関係をつくることに熱心でありたいと願っているラッキーピエロでは、些細なクレームであってもおろそかにせず、そのためにかかる費用を出し惜しみすることなく、思いきってコストをかけることにしています。正直、私たちのような非常に低価格で料理を提供している店にとってはかなり厳しいところですが、そこまでやるのは、お客様との相互作用が強力なものであり、すこぶる効果があることを知っているからです。

「たった1人の苦情くらい」などとタカをくくっていたら、経営者失格です。高度成長期ならいざ知らず。人口減少期に突入したいま、1人のお客様をないがしろにすることはすなわち自分の首を絞めることだと、現代の経営者は気を引き締めるべきです。

2章でも触れたように（75ページ「生涯価値に着目した販売戦略」）、1回当たりの購入額が少ないお客様であっても、あだやおろそかにはできません。たとえ1回のお買い物は少額であったにせよ、生涯にわたって自店を利用してくださったら、トータルの購入額は膨大なものになるからです。需要の伸びが期待できないいまのような時代、着目すべきはそのトータルの購入額、すなわち生涯価値なのです。

そういうじつにありがたいお客様に向かって「たった1人くらい」という台詞は断じて吐けませんし、「たった1回のミスだから」と見過ごすこともできません。１人のお客様を失うことは膨大な損失とイコールだからです。

先に名前を挙げたジョン・グッドマンは、こうもいっています。

苦情を申し立ててくるお客様は、たとえ満足できる結果が得られなかったとしても、店側が苦情を受け付け、問題解決に取り組んだことを評価しさえすれば、47%のお客様が再購入してくれる傾向にあり、友人や知人に対しての良き情報発信もしてくれる。ましてや満足できるかたちで問題が解決した場合には、95%のお客様が再購入し、初めから良いサービスを受けた場合以上に、良き情報を発信する、と。

グッドマンはつまり、苦情は売り上げの促進要因である、といっているわけです。グッドマンのみならず、ある調査会社は、初めから良いサービスを受けた場合、そのことをほかの３人に伝えるのに対して、問題がうまく解決された場合には、ほかの５人にその話をするという調査結果を公表し、不満足なお客様を満足させることができるなら、お店は良い口コミ広告を拡大するチャンスを持てることになる、といっています。

私どもラッキーピエロは全グループを挙げて苦情処理に取り組んでいますが、その理由はここにあります。

お客様を満足させることによって生涯顧客になっていただき、信用と信頼のもと、お客様と永いお付き合いをしていきたいものです。

客離れを5％減らすと利益は倍増

繁盛店になるには、新規顧客を増やすと同時に客離れを可能なかぎり食い止めなければなりません。客離れのなかには、お客様が亡くなっていたり、転居されていたりという手立ての講じようのないものも含まれます。しかし、だからといって客離れに対して無為無策でいると、年を追うごとに顧客数が目減りしてじり貧状態に陥る可能性すらあります。どの繁盛店も万全な客離れ対策が求められます。

さて、ではなぜお客様は離れていくのでしょうか。データによれば客離れの理由は、死亡1%、転居3%、友人からの誘い5%、競合会社の誘因9%、製品や店への不満14%、そして残りの68%が、お客様に対して店が無関心であることとなっています。

このうち死亡と転居による客離れは申し上げたように対処の方法がありません。競合会社の誘因というのは、競争相手に安売りを仕掛けられて、そのまま向こうに流れていったりするもので、これを取り戻そうとすると価格競争を引き起こしかねません。製品や店への不満とは、たとえばラッキーピエロのハンバーガーは嫌いだとか、派手な店づくりは自分に合わない、もっと落ち着いた雰囲気がいいといったもので、これまた有効な手立てはありません。

結局のところ、私たちの努力の及ぶ範囲内にあるものといえば「店のお客様に対する無関心さ」になります。68%にものぼる「お客様に対する無関心」を改善するかしないかはきわめて重要で、やり方によってはライバルを圧倒することもできます。

この無関心さとは、経営トップの経営姿勢から、直接お客様に接するスタッフ（パート・アルバイトを問わず）の態度やコミュニケーションの仕方、間接的にサービスを提供している部門のスタッフ（カリナリー、配送）のそれに至るまで、店がお客様に提供しているものすべてが対象になります。

そして、無関心であるかどうかの判断は店がするのではありません。お客様がするのです。

たとえば、ある会社がある店を調査したところ、スタッフはきちんと挨拶しているといっているのに、お客様に聞くと25％しか挨拶してくれない、とのこと。当事者とお客様とではそれだけ意識のズレがあるわけです。そこでその店は、お客様の目をきちんと見て（アイコンタクトして）挨拶するよう励行したところ、それだけで売り上げが１２８％も伸びたということです。

さて、客離れを防止するためのコストは、いったいいくらかかるのでしょうか。私どもラッキーピエログループでは「苦情処理マニュアル」を作成し、マニュアルに沿ってすべての苦情に対処していますが、過去のデータでいえば、費用は新規客獲得の５分の１から６分の１。対する効果は、客離れをほんの５％減らすだけで利益は倍になる、というデータが出ています。

客離れをゼロにし、１人でも多くのお客様に生涯顧客になっていただくことが、どれほど重要なことか、おわかりになると思います。

客離れの原因の７割近くを占める「お客様に対する無関心」を防ぐため、次のことを確認してください。

・スタッフがお客様のことをよく知れば知るほど、より良いサービスができる
・お客様はお店を知れば知るほど、より多くご来店になる
・お客様の財布のヒモは、知らない店で使うより、気心の知れた店で使う場合に緩くなる。これは信頼のプレミアムを手にできた証拠
・お客様は口コミの輪を広げ、友人・知人を新しいお客様として連れてきていただける
・生涯顧客を確保すると、競争相手との無駄な価格競争に巻き込まれる比率が低くなり、価格安定のメリットが生まれる

どれも、いまを生きる経営者なら、おわかりいただけることだと思います。

ここで私の体験談を一つ。函館の人ならご存じのことと思いますが、成田空港から函館空港までの直行便はなく、海外からの帰途、成田着の時間によっては東京での後泊を余儀なくされます。私は年に一度、イギリスの大学へ勉強しに行っているのですが、イギリスからの帰りは東京で後泊することに決めています。問題は後泊する安ホテルまでのルートで、重たいスーツケースを抱えているのに、都合のいい交通手段がないのです。仕方なく帝国ホテルまでバスに乗り、そこから最短距離でタクシーを使うことにしています。

高級ホテルとして名高い帝国ホテルでバスを降りると、宿泊するわけでもない私のもと

へボーイさんがサッと寄ってくる。「恐れ入ります。宿泊ではないんです。ここから××ホテルまで移動するんです」。そう言うとさすがは帝国ホテルのボーイさん、自社利用客ではないのを承知のうえで、「はい、かしこまりました。こちらへどうぞ」と快くタクシー乗り場まで荷物を運んでくれただけでなく、車に乗り込んだ私に「お気をつけて」の一声をかけてくださったのです。

何と素晴らしい心遣い、何と感動的な対応でしょうか。しかもこれは一度かぎりの経験ではありません。どのボーイさんもそれぞれに快い対応をしてくれるのです。

人への、物への無関心・無感覚を取り払い、家族、スタッフ、お客様、そして万物を愛する優しく穏やかな目線を、己のなかに増やしたいと感じています。

ターゲットを絞り込んだら繁盛店にはなれない

選択と集中という経営戦略がもてはやされるようになったのは、私の記憶が正しければバブル崩壊後の1990年代の半ばだったと思います。自社の得意とする領域を明確にし、そこに人・物・金・情報の経営資源を集中的に投下するというこの戦略は、GE（ゼネラル・

エレクトリック）のCEO、ジャック・ウェルチが採用し、GEを蘇らせた戦略として有名ですが、この選択と集中という手法を取り入れた日本企業のどれだけが再生を遂げたのか、はなはだ疑問でなりません。もちろん、成功した企業もあるでしょう。しかし、一説によると失敗した企業のほうが圧倒的に多いらしく、中には「選択と集中の通ったあとは死屍累々で足の踏み場もない」と酷評する人までいます。

にもかかわらず、導入後20年近く経つというのに、選択と集中の人気は衰えるところを知らず、レストラン業界でも「ターゲットを絞れ」ということが盛んにいわれたりしています。

さて、レストラン業でターゲットを絞り込む戦略は是か非か、どちらなのでしょう。これについて忌憚のないところをいわせていただくと、東京や大阪などの大都市に店を構えているのなら、絞り込んでも大丈夫でしょう。しかし、地方都市だったらダメです。ターゲットを絞り込んだら繁盛店にはなりません。ましてや地域一番店は夢のまた夢です。なぜか。人口が少ないからです。

たとえば、人口27万の函館に30代くらいまでの若い層にターゲットを絞ったハンバーガーショップを出したとして、一体どれだけのお客様が足を運んでくれるでしょうか。それでなくてもすでに全国チェーンが店舗網を張り巡らせているのです。そんな地域へ同業種、同業態のお店を出したところで、繁盛店といわれるまでにお客様が来店してくれるかどうか、はなはだ疑問です。

ちなみに、ラッキーピエログループへの年間来店者数は現在、200万人。これは函館市の人口の7・5倍強に相当します。この数字を評して奇跡だといってくださる方もいます。が、私にいわせれば奇跡でも何でもない。計算どおりの数字です。

私は1号店を出すにあたって、あえてターゲットを絞り込みませんでした。こんな小さな町でターゲットを絞ったら発展のしようがないと考えたからです。一応、16歳くらいから30歳前後までがメインターゲットになるかなとは考えていましたが、それ以外の年齢層も大歓迎。小さなお子様からお年寄りまで、どしどしご来店ください、という気持ちでお店をオープンさせたのです。

となると、メニューも考えなければなりません。旗揚げすることを急いでいた開店当初はハンバーガーのみの8品目でスタートせざるを得ませんでした。が、ほどなくしてカレーライスが加わり、オムライスが加わり、カツ丼が加わり、ラーメンが加わり、果ては焼きそばまで加わってまたたく間にメニューは100品目を超え、現在では150品目を数えています。

それほどまでにメニューが増えた背景には、一つにはお客様の要望があります。徹底し

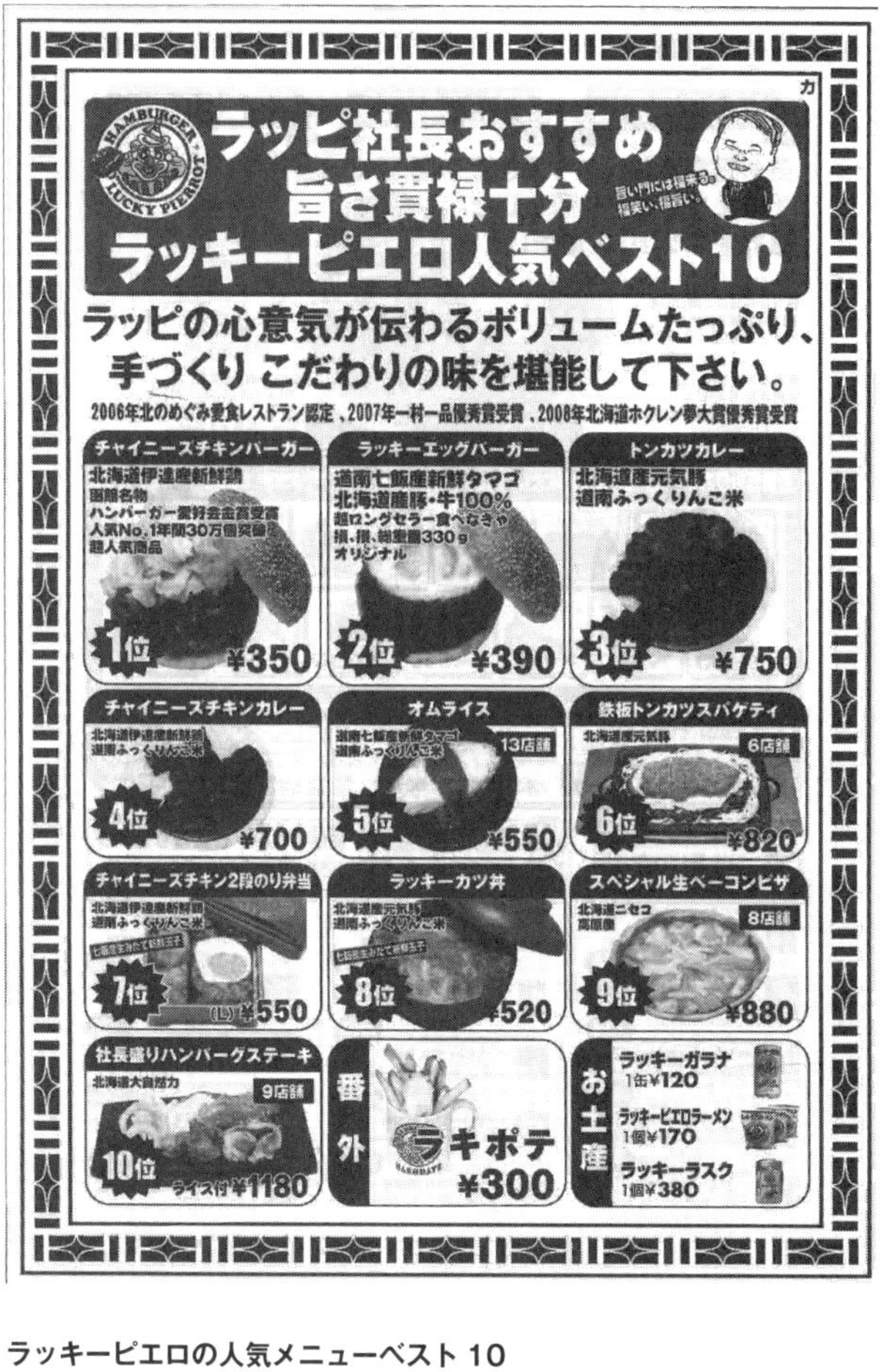

ラッキーピエロの人気メニューベスト10

全店舗を合わせたメニューの数は150以上にも上る。その中でも人気メニューベスト10を紹介したものがこのチラシ。定番のチャイニーズチキンバーガーが不動の1位を守るが、以下にはカレー、オムライス、スパゲッティにのり弁当まで、バラエティに富んだ構成になっている。

たお客様第一主義を旨とするラッキーピエログループは、お客様の声を取り込むかたちでメニューを開発してきたのです。それは事実ですが、もう一つ、全年代を取り込むにはどういうメニューが必要か、という視点からのメニューの検討にも努めてきました。その結果、ハンバーガーをメインとしながらも、カレーライスもあります、オムライスもありますという〝全方位メニュー〟になったのです。

「総合化を目指す以外にない」

私はそういう話をよくするのですが、理解してもらえることは滅多にありません。それというのも皆さん、総合化という言葉からは百貨店を連想するらしく、「総合化というのは、専門化に向かっている時代に逆行する考え方だ。百貨店と同じように衰退を余儀なくされるだろう」と口々におっしゃいます。

まったくそのとおり、異論はありません。でも、私のいう総合化は「ないものはない。何でもあります」という百貨店の総合化とは違うのです。百貨店にはたしかに何でもあるけれど、個性がないのです。品揃えも豊富でないから、専門店と真っ向勝負したら負けてしまいます。私のいう総合化は日本の百貨店ではなく、ハワイのアラモアナショッピングセンターをイメージしていただくほうがわかりやすい。アラモアナショッピングセンターは一流のテナントが入っていることで有名ですが、とくにあそこのレストラン街で軒を並べているハワイ料理店、中華料理店、シンガポール料理店、韓国料理店、イタリア料理店などは、どれもこれもが個性的でじつに美味しい。それを知っている私はレストラン街へ行くたびにドキドキワクワクして、どこに入るか決められないで困ってしまうほどです。

わかっていただけたでしょうか。私のいう総合化とは、このレベルの総合化なのです。ハンバーガー中心のメニューの中に、付け足し的にカレーライスや焼きそば、オムライスなどをもぐり込ませたのでは決してありません。カレーライスにしても焼きそばにしても、はたまたオムライスにしても、それぞれ専門店の味に負けないくらいに、あるいは、専門店として独立してても十分やっていけるくらいに、味に磨きをかけてきましたし、いまなおかけ続けているのです。

そこまでのこだわりを持って味づくりや店づくりに取り組めば、ターゲットを広げることができるでしょうし、繁盛店にもなれます。でも、地域一番店には残念ながら、まだなれません。地域一番店になるには乗り越えなければならない高い障壁があるのです。その障壁とはいわずと知れた全国チェーンにほかなりません。

全国チェーンのパワーはすさまじく、圧倒的な資本力、知名度、広告宣伝力を駆使して、中小零細企業をなぎ倒していきます。なぎ倒されたくなかったら正面衝突は避けて、彼らのおめこぼしを頂戴する、という戦略も考えられていいと思います。それではしかし、地域一番店は逆立ちしたって無理ですし、繁盛店になるのも厳しいかもしれません。

本気で地域一番店の座を狙うのであれば、全国チェーンとの正面衝突はやはり避けられないでしょう。ラッキーピエロもそうでした。前述したように、ラッキーピエロは開店当初よりターゲットを絞り込まず、お子様からおじいちゃん、おばあちゃんまでの全年齢層をターゲットにする戦略でやってきました。しかし、旗揚げする前から地域一番店を目指していたラッキーピエロとしては、全国チェーンがメイン・ターゲットとしている10代から20代の若い層、ここに楔を打ち込まないわけにはいきません。何といってもこの年代は客層としては最も厚い層ですから、何としてでも切り崩さなければならないのです。

と、勇ましいことをいっても、わが身を振り返ればまったくの徒手空拳。資本力もない、知名度もない、宣伝力もないという、ないない尽くしからのスタートでしたから、苦戦の連続でした。それでも口コミ作戦をはじめとする戦略・戦術が功を奏し、今日こうして地域一番店の座に就くことができたのですから、これほどうれしいことはありません。

そして、この栄誉を手に入れることができた最大の理由は、優秀なスタッフ、いや仲間がたくさんいたからです。

第4章

スタッフこそが価値の源泉

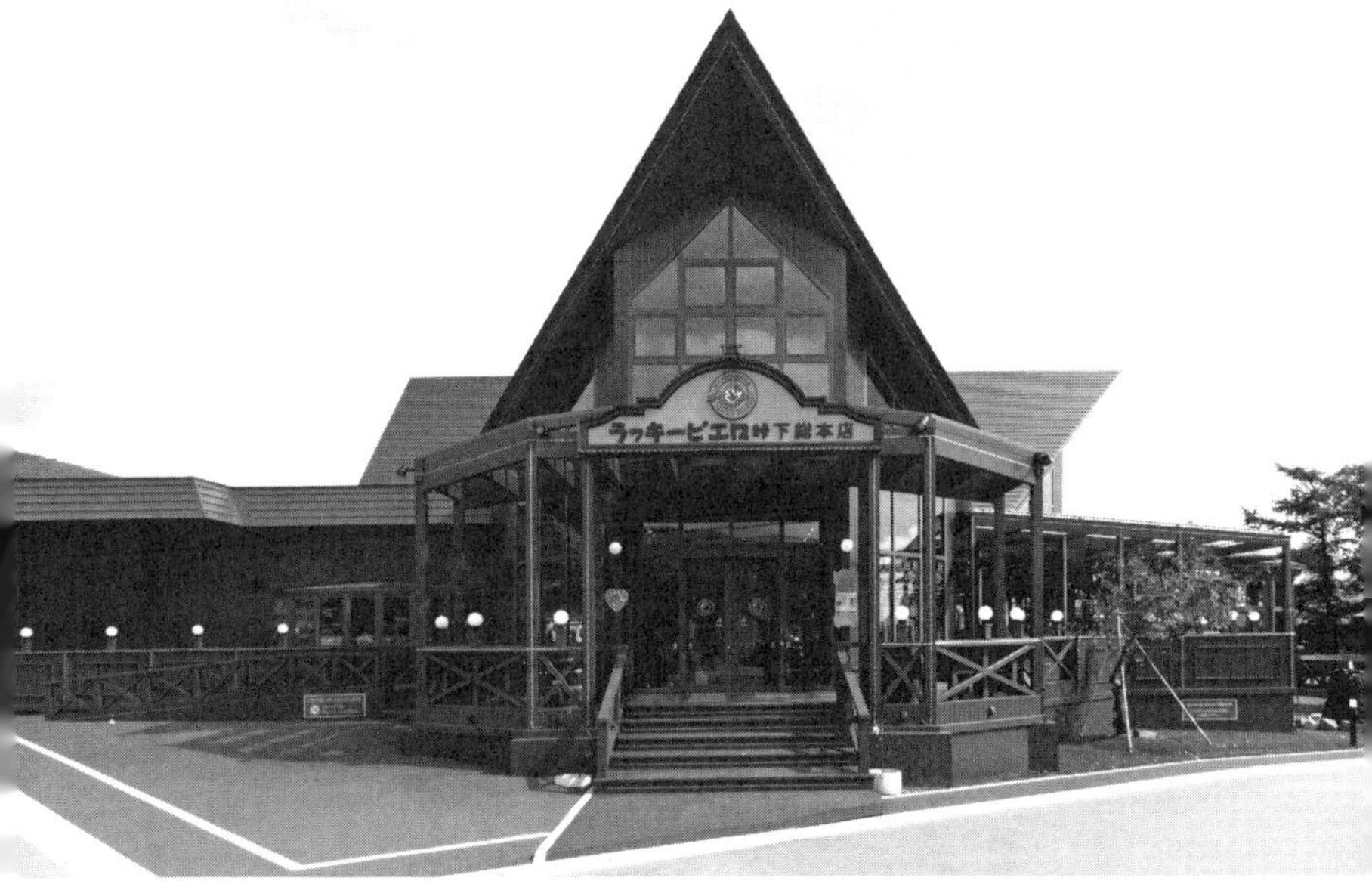

果樹園レストラン バードウォッチング館
峠下総本店

スタッフを活かすということ

逆ピラミッドの組織図

かつて、まだモノがあふれていなかった時代、モノづくりが中心だった時代では、会社の組織は経営者をピラミッドの頂点に置くことが普通でした。そこから部長→本部→各店→カリナリー（スタッフ補助）と指示が下りていくと考えられていました。お客様はその構造の底辺に位置しており、与えられたサービスを享受する役割が与えられているだけです。ここでの経営者の役割は、スタッフを管理・監督して利益を追求し、得られた利益を適正配分することにある、とされていました。

しかし、サービス経済社会になった今日、工業経済社会で有効だったこの組織はもはや通用しなくなりました。モノにあふれ、そしてモノと店を選ぶ権利が完全にお客様サイドに移った現代社会においては、従来のピラミッド型の組織図は逆ピラミッド的な形に姿を

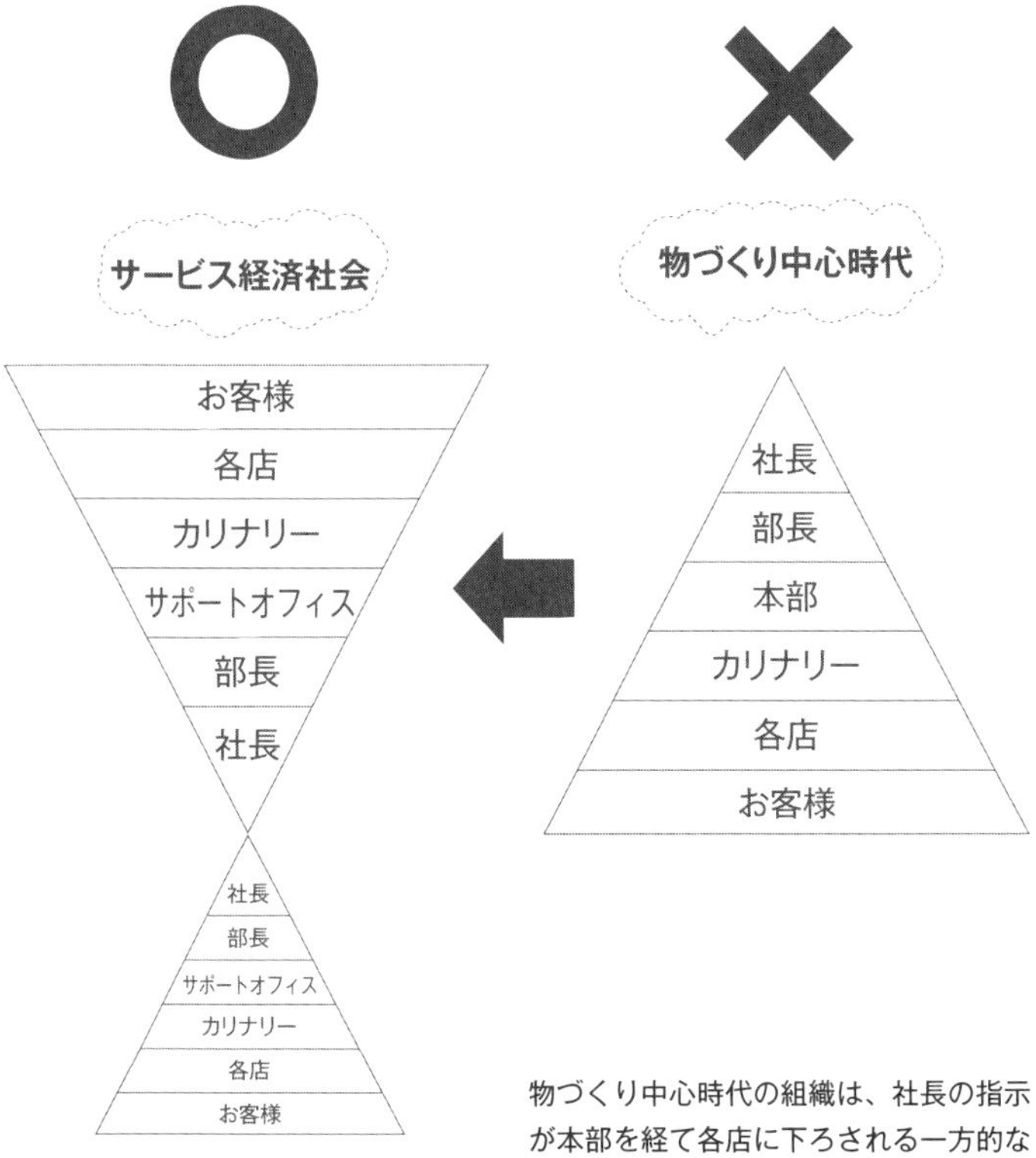

物づくり中心時代の組織は、社長の指示が本部を経て各店に下ろされる一方的な構造で、お客様は与えられたサービスを享受するだけだった。
しかし、いまのサービス経済社会では、ピラミッドの頂点に位置するお客様の声を社長が受けとめ、さらなるお客様満足を得るために経営の舵取りをする組織が必要とされる。かつて社長の指示を実現するために機能していた「本部」は、ラッキーピエロでは、各店のサービス向上を助ける「サポートオフィス」と呼ばれる。

変えたのです。
「お店はお客様のためにある。お客様の役に立とう」という経営理念は、お客様を逆ピラミッドの一番上に立てて、お客様が何を必要とし、何を求め、料理や接客サービスに何を期待しているかに最大の注意を払うことを、経営者および全スタッフに求めています。

それゆえ、各店舗で直接お客様に接するスタッフの皆さんを逆ピラミッドの二番目に置き、その下にスタッフの皆さんを全力で補佐するカリナリー、サポートオフィスを配置。さらにもう一段下には全スタッフの連絡役を担い、第一線の声を集約して社長に伝えるパイプ役の部長がいます。そして最後に全責任と舵取りを担う社長が最底辺に位置します。

ここまでは情報収集のフェーズで、会社組織はお客様の声をいただくことに多くの時間と労力をかけます。そしてお客様の声をいただいた社長が社内に指示を与える指示系統のフェーズで組織図は反転します。

サービス経済社会では、会社組織は情報収集の機能に重点を置いており、社長の指示命令系統はモノづくり中心の時代に比べて、3分の1から5分の1といったように、比重は小さくなります。

これまでとは位置が逆転した逆ピラミッド部分が、わがラッキーピエロの会社構成の基礎になっており、お客様第一主義を掲げた私たちのグループと他の会社とのいちばんの相違点だといえるでしょう。

お客様第一主義を掲げながら内部組織は昔のまま、社長以下役員クラスが上のほうの席にデーンと構えていたりするのを見ると、信じられない気持ちになってしまいます。

もう一つのわが社の大きな特徴は、「社内顧客」という考え方があることです。つまりスタッフ同士、あるいは仕事に関連している人のすべてがお互いにお客様であるという考え方、ないしは意識が存在します。

すなわち、自分に与えられている役割分担をパーフェクトにやり遂げるには、役割を引き継ぐ次の工程を分担している人をお客様ととらえ、満足していただかねばならないと考えるのです。この際、常に自分自身の役割分担を完全に果たしてから次の人に引き渡すことが重要です。引き継いだ人は、当然、前工程を成し遂げてくれた人と商品に対し、感謝と敬意と責任を持って引き継いでいかねばなりません。

一つの商品、一つのサービスはこのような役割分担の連なりでできているのであり、それが最終的には、商品やサービスを買いにきてくださる外部のお客様の満足に繋がっているのです。そのことを強く意識し、忘れないようにすることが大切です。

社内顧客と社外顧客とが会社を支える二本柱であって、貴重な二本の柱への徹底した接遇があってこそ、完璧なお客様満足を勝ち取ることができるのです。

1台の車の、たった1本のネジの不具合によってさえ事故は起こりますから、たとえネジの1本、ナットの1個であろうとおろそかにはできません。それと同様、どんなに小さな役割分担であろうと万全を期したうえで、次の工程へ引き渡す意識を忘れてはなりません。

というのも、私たちのありとあらゆる行動は、たとえどんなに外部のお客様（社外顧客）から遠く見えようとも、関連が薄く思えようとも、必ず何らかのかたちで影響を及ぼしているからです。

感謝、敬意そして責任の念を常に心に置くことはまた、人と人との計り知れぬ和を生み出すことにもつながります。それはお客様満足であったり、職場内のチームワークであったり、外の取引業者さんとのつながりであったりするかもしれません。そこで育まれた和は、大切な家族へとつながるやもしれません。

話が少々大きくなりすぎました。そろそろ締めましょう。

逆ピラミッドの会社構成で生まれるお客様満足、そして社内顧客の考え方。この二つを打ち出しているのはいまのところラッキーピエログループだけであり、他社との大きな相違点になっています。私はこの相違点をうまく活用することで、わがグループをよりしっかりと大地に根を張った大木に、そして、緑豊かな葉を揺らす大樹へと育てていきたいと願っています。

スタッフの明るい人間性が繁盛店をつくる

繁盛店づくりには、店長やスタッフがしっかりと目標を定めてコツコツと努力することが重要です。常にお客様の立場に立って、お客様のために積極的に勉強し、行動することが大切です。それを実現するためには、店長やスタッフの人間性がとても重要になります。いくら美味しい料理をつくっても、店長やスタッフの人間性が欠落していれば、いまは繁盛していても長続きしません。

人間性ははっきりと目に見えるものではありません。しかし、その人間性を鋭く嗅ぎ取ってしまうのがお客様です。つまり、店長やスタッフ一人ひとりの人間としての内容や質がお客様に問われているということなのです。

店の売り上げは店長やスタッフの心の持ち方、行動の仕方によって大きく左右されます。スタッフの人間性こそが競争優位の源泉となっているという意味で、レストラン業は「ピープルビジネス」であるといわれます。常に自身の人間性を磨き、努力を続けていくことが成功へのカギとなるのです。

明るい自分、相手の身になって考えることのできる思いやりのある自分、謙虚な自分、感謝の気持ちを忘れない自分……。そんな立派な人間になれてもなれなくても、前に向かって一歩一歩進んでいくことこそが大切です。前にも申し上げたように、微差は大差です。

店のつくりは明るく素敵であるのに、何となく落ち着きがなく、寒々しく暗い感じがするのは、往々にして店長や幹部の、いわゆる〝ネクラ〟に原因があります。店長や幹部が陰気でいつもムッとしている人であったら、その下で働くスタッフたちはどうなるのでしょうか。

よく目にするのは、お客様そっちのけで店長に気を使い、オドオドしながらサービスに努めている図です。そんな店の雰囲気では美味しい料理も台無しで、お客様が集まってくるわけがありません。店長や幹部は、先頭を切って店の中を明るくするように努力する責務がありますし、スタッフもまた、努力を怠ってはなりません。

職場を明るくする法

どうすれば明るく温かなお店になるのでしょうか。答えは簡単です。経営トップが明るく温かくなればいいのです。先に店長や幹部がポイントであるといいましたが、究極的には経営トップです。経営トップが明るく温かい人であったなら、少々問題が生じてもすぐに解決できます。それくらいトップの性格が経営全般に及ぼす影響力は大きい。

言葉には何ものかを創る力があります。暗い言葉、後ろ向きの言葉、マイナスな言葉はできるだけ使わないようにしなければなりません。逆に経営トップがいつも温かい言葉を使っていると、現場の責任者も温かい言葉を使うようになり、いつしか職場全体が温かい言葉で満ちあふれてきます。当たり前すぎて改めて強調するほどの話ではありませんが……。

スタッフを明るく、温かい気持ちにさせるいちばん手っとり早い方法は、なるべく褒めることです。「よし、いいぞ！」「君、うまいんだねえ。見直しちゃったよ」「やればできるじゃないか」といった褒め言葉をたくさん使うようにすれば、彼らはやる気に燃えるはずです。

スタッフを褒めるには、なるべくいい面だけを見るようにするのもコツですし、悪い面は見ても気づかないふりをする努力も必要です。それでも特段褒めるところがない場合はどうするか。私は握手をするようにしています。しっかり目を見て握手すれば気持ちは通じるものです。

たまに元気のないスタッフを見かけることがあります。そういうときには、背中をなでてあげるといい。「おれ、スプーンを曲げられるんだから、おれが背中をなでただけで誰でも元気になるんだよ。だからもう大丈夫、大丈夫、元気、元気!」とやるだけで、みんな元気になります。元気になったフリをしてくれているだけなのかもしれませんが、それでもいいと思っています。何よりも、コミュニケーションを取り合うことが大切なのですから。

スタッフとのコミュニケーションといえば、月に一度、スタッフ宛てに手紙を書くことも重要なルーティンになっています。スタッフ宛てといっても、一人ひとり個別に手紙を出すわけではありません。諸事雑感といったらいいのか、経営者の目を通しての世相であったり、あるいは読書感想文であったりという、とりとめのない文章を書き、それをコピーして全スタッフに向けて給料日に手渡すのです。

昔はお金が入った給料袋に入れたものですが、いまは銀行振込になってしまいましたので、給与明細といっしょにして渡しています。読んだ感想を聞かせてくれる人がときどきいて、「私の娘が感動して、トイレに貼ってあるんです」なんて言われると、思わずうれしくなってしまいます。

これとは逆に、スタッフから私への手紙が1カ月に1回、届くようになっています。あるチェックリストの裏に書いたものが月に1回、私のデスクにまで届けられるようになっているのです。建前上は全員が書くことになっているものの強制ではないので、入社間もない人や字を書くのが嫌いな人のなかには書いてくれない人もいます。そのようなわけなので、実行率は7割強といったところでしょうか。私としては何でもいいから書いてほしい、1行でもいいから書いてほしいと言いたいところですが、強制はしません。

その代わり、手紙を書いてくれる人とは素晴らしいコミュニケーションが取れます。何らかの問題で悩んでいると書いてあれば、内容によってはその人が所属しているお店の店長に「ちょっと困っているらしいんだけど、相談に乗って上げてくれないか」と頼むことができますし、また、何かいいことが書かれているときには「よかったね。おめでとう」と祝福し、喜びを分かち合うことができます。

スタッフからの手紙をめぐる一つひとつのできごとは、取るに足らない些細なことでしかないかもしれません。しかし、経営者とスタッフが互いに意思の疎通を図っていること自体、とても貴重なことであるし、今後のラッキーピエロの発展は、経営者である私とスタッフの皆さんとのキャッチボールを、どれだけきめ細やかにできるかにかかっているような気がしてなりません。

以下に、これまでスタッフに送った手紙の一部を再録します。過去の手紙を読み返すと、私自身の考えがまっすぐブレていないことに、いまさらながら驚きました。そこで、あえて少々古い手紙も含めてみました。

その時々の出来事や他愛もない時候の話をしていたりもします。ですが、そのまま掲載しました。経営者である読者の皆さんへのヒントになれば幸いです。

スタッフへの手紙

わたし（スタッフ）とあなた（お客様）

ラッキーピエロにとってはスタッフの「あなた自身」が最大に武器であり、持ち味となります。そしてそれこそが他の店と最も異なるラッキーピエロの魅力的なポイントです。たとえば大手チェーン店では、内装デザインや什器、ユニフォームなどのハード（設備）にお金をかけます。それは、私たちラッキーピエロの最大の特長である「親切な思いやりのある温かな笑顔のあなた自身」に代わるものとして、そのハードにお金をかけざるを得ないからです。

飲食店はハードオンリーでは成立せず、またソフトオンリーでも成立しません。大手チェーンはソフトを凌駕するようなハードを武器とし、ラッキーピエロはハードを凌駕するようなソフトを武器にしたいと考えています。そしてそのソフトの中心となるのが、スタッフのあなた自身なのです。

このあなた自身とは、あなたがつくる料理でもなく、あなたの接客サービスでもありません。それは〝あなた自身の商品価値〟のことです。

商品価値（品性・品格）が高く、魅力的なあなた（スタッフ）であり続けるということは、商品価値＝魅力を磨き続けるということです。1年前の商品価値は1年後には色あせてしまっているかもしれません。磨き続けなければ同じ輝きを維持し続けることはできず、またそれ以上の輝きも発しないのです。なぜならお客様自身も磨き、成長し、心も目も舌も肥えていくからです。

さて、ここから今月のお手紙の主題となります。日々一刻一刻、スタッフ自身の商品価値の向上を図ることを土台にしながら、お客様との関係を「漠然としたお店とお客様の関係」から「わたし（スタッフ）とあなた（お客様）の関係」へとつくり上げ昇華させていくのです。これを専門用語で「ワン・ツー・ワン・マーケティング」といいます。

あくまで忘れてはいけないのは商い・ビジネスという基本は変わることはなく、変える必要もないということです。しかし、視点を「関係」という点に絞って言えば、お客様から見ると、「お店とお客様の関係」とは「して欲しいことを、して欲しいときに、して欲しいと感じ、待っている関係」にとどまりますが、「わたし（スタッフ）とあなた（お客様）

の関係」に昇華していくと「して欲しいことを、して欲しいときに、して欲しいとお客様が言える関係」に変わることができます。

自分自身の商品価値を高め続けているあなた（スタッフ）自身が、「わたし（スタッフ）とあなた（お客様）」――つまり人間対人間、一対一の関係を築き上げられるようになると、お客様はスタッフであるあなたが裏切らない限り「あなた（スタッフ）のお客様」という関係となり、あなたのお客様であり続けます。

お客様は最初に味が気に入り、次にお店が好きになり、そしてあなた（スタッフ）に惚れ、ロイヤルカスタマーとなるのです。そしていつも言っているように、その20％のロイヤルカスタマーが80％の売り上げをつくってくれているのです。

あなた方スタッフ自身の商品価値に磨きをかけ続け、より多くのあなた方自身のお客様を増やし続けていくこと、それがラッキーピエロを支え、繁栄させ、またあなた方自身を支え続けていくのです。

品性・品格を高め自己を磨く――たいへん難しい課題ではありますが、私も皆さんと共に取り組んでいきたいと思っています。

明るいことを夢見て、明るい心と笑顔で着実に謙虚に進んでいきましょう。

新年を語ってまもなく夏を感じ、恐ろしいテロのニュースに釘づけとなった秋も終わり、明日からはもう師走12月。この時の流れの速さはまったく信じがたいものがありますが、確実な手応えとともに皆さんのスクラムの強さをひしひしと感じる毎日でした。

あと1カ月、また良い1年だったと思えるよう、気を引き締めて２００1年を締めくくっていきましょう。

グッと寒くなってきました。皆さん体調に気をつけて、そして家族、仲間、皆仲良く。

（２００1年11月30日）

お客様中心経営

①お客様志向➡単にお客様に顔を向けている状態
②お客様焦点➡ある特定のターゲットになるお客様を意識

この二つは店の立場から距離を置いてお客様を見ている状態です。

③お客様主導➡主導権がこれまでの店からお客様に移ったことを意識し、店がお客様か

ら選ばれる時代の認識

④お客様中心↓店経営の中心にお客様（社外顧客と社内顧客）を据え、ラッキーピエロ
　グループの組織、戦略的構造を組み立てる考え方

③お客様主導、④お客様中心の経営とは、お客様評価経営といってもよいと思います。
私たちはこれまで長いこと信じてきた天動説――つまりすべて世の中は店を中心に動いているという「店主導」の考え方を捨て、地動説――店はお客様を中心にして回っている「お客様主導」なのだと認識しなければなりません。そのお客様主導・中心経営のために私たちは日々勉強し、トレーニングを積み、今日に至っているわけなのです。

明日からゴールデンウィークに突入し、活発な季節の到来です。ラッキーピエロ目当てにいらっしゃるお客様ももちろんのこと、歩き疲れてひと休みしたい観光のお客様や、函館自慢ゆえに遠方からのお客様をお連れくださる方々、家族・友人との楽しいひとときをお求めの地元のお客様等々……列をなし、うねるほどのお客様をお迎えするわけです。

皆さん一人ひとりの心と体の勝負のときです。皆さんの内なる温かさ、誠意が、そして訓練し続けてきたさまざまな技術が、目まぐるしい忙しさのなかで瞬時に現れ出てきます。と同時に厳しい評価もまた返ってくるときでもあります。

皆さん、頑張って!

（2001年4月27日）

要望・期待を上回るサービスを

お客様に感動・感激していただくためには、お客様の要望・期待を上回るサービスが必要です。サービスの善し悪しについては絶対的な基準がありません。サービスの善し悪しを決めるのはお客様の権利だからです。

お客様は実際に受けたサービスと要望・期待の差によって満足度を測ります。要望・期待以上のサービスを受けたときお客様は満足し、要望・期待どおりのサービスだった場合、お客様は当然と考え、要望・期待以下だった場合には不満が生じます。

要望・期待のサービスには次の二つがあります。一つは「お客様自身が望んでいるものの、到底そこまではしてもらえないだろうと思っているサービス」。もう一つは「お客様が予想もしていないサービス」です。とくに予想もしていないサービスを受けたとき、お客様はたいへん感動します。

無理だろうとお客様が思っていることまで叶えるサービス（お客様のわがままメニューを何でも叶える）、ありきたりなサービスとはひと味違う、センスあふれるサービス（バースデーソングサービスなど）、アクシデントがあったときの機転の利いたサービス（階段から落ちた、グラスを割ってしまった、どしゃ降りで帰れなくなったなど）。これらのサービスに出会ったときのお客様の感謝・感動を皆さんもいままですでに経験済みと思います。

マニュアル通りの（最低これだけはする）サービスだけでなく、お客様の要望・期待を上回るサービスを提供できるハートのあるスタッフになれるよう、そして何度でも行きたくなる魅力あふれる店舗を目指していきましょう。

毎月のようにテーマを掲げながら、お客様を見つめ、店づくり・サービスを見つめ、売り上げを見つめながら共に勉強し続けてきた今年も早、終わろうとしています。この勉強・努力が確実に過ぎていったこの激動の1年の月日の中で、私たちの人としての成長へとつながっていったらいいなあと心より思います。

赤子の1年の成長に負けぬよう、私たちも成長していかねば。

皆さん、ありがとう。良い新年を。

（2001年年12月28日）

親切なサービス

お客様の要望・期待を超える「お客様満足」サービス拡大活動をこれから進めたいと考えています。

「サービス」というと、私たちは接客などの態度によるサービスを思い浮かべてしまいます。たしかに笑顔や挨拶やマナーは、おろそかにできないとても大切なことです。しかしそれ以上に大切なのは、行動で示すサービスです。お客様の立場に立った、要望・期待を超えるお客様満足行動です。

態度で示すサービスを重視し、行動で示すサービスがおろそかになっているケースがあまりに多いのです。今回はあの伝説を呼ぶサービスで有名なアメリカのノードストローム百貨店のお話をいくつか紹介してみましょう。

たとえば襟が白でそれ以外が青のワイシャツをお客様が求めています。他の店を探したけれどもどこにもありません。ところがノードストロームは「お客様、申し訳ありませんが少しお待ちいただけませんでしょうか」と了解をとり、白いワイシャツと青いワイシャツの計2枚を持って店内にある縫製センターに行き、担当者に1枚のワイシャツに仕上げてもらったのです。つまりお客様の要望に応えた。お客様が大喜びしたことはいうまでもありません。

たしかにこれでは赤字でしょう。1枚のワイシャツ分を無駄にしたのですから。そしてそのほか人件費もかかっています。でもここまでお客様の要望に応える行動でサービスを徹底すれば、お客様は間違いなくノードストロームのファンになってくれることでしょう。

次は靴売り場の話です。人間の足は右と左のサイズが必ずしも同じではありません。巾が異なったり厚みに差があったり、長さが微妙に違ったり……。ノードストロームでは、お客様にフィットした靴を履いてもらうために右なら右、左なら左で合う靴を別々に履いてもらっているのです。ごく自然なことと受けとめ、当たり前のように対応しています。その結果、片方の靴が売れ残る可能性があっても、お客様が満足してくれることを何より求めているのです。

三つ目の話です。あるときお客様が女性アパレル売り場のカウンターに飛行機のチケットを忘れてしまいました。ノードストロームの店員が確認すると出発までの時間がありません。そこで急いで空港に電話を入れ、航空会社のサービスカウンターの係員にお客様の氏名とフライト予定の便を告げ、「チケットの再発行をしてもらえないでしょうか」と頼んだそうですが、答えは「ノー」でした。その店員はタクシーに飛び乗り空港に駆けつけ、無事、チケットを手渡すことができたということです。お客様の感動はどれほどだったでしょうか。

ノードストローム百貨店のサービスは徹底したサービスを追求するというより、サービスに限度はない、お客様が望むことならどんなことにも応じるサービスです。模範というレベルを超えたノードストロームのサービスは、人間の尊厳というものを考えさせる行動だといってよいでしょう。

マタイ伝7章12節には「あなたがたは自分のしてほしいことを人にして差し上げなさい」とあります。サービス精神の黄金律、損得抜きの生き方がここにはあり、人はビジネスを通してでもいかに生きるかを学ぶことができるのです。

美原店に引き続き、函館駅前店（棒二森屋本館1階）がオープンしました。そしてゴールデンウィーク真っ只中。ラッキーファミリー同志の大応援と大車輪の活躍、ありがとう。全国からラッキーピエロめがけてたくさんのお客様がやってきてくれます。

忙しいなかに温かな暖かな心をつめて、一期一会の親切なサービスをお願いします。

（2002年4月30日）

グリーンの店舗イメージが定着しているラッキーピエロにあって、函館駅前店は紺色を基調とした店づくりで意外性をアピールした。1910～30年代にかけてヨーロッパ、アメリカで流行した芸術様式「アールデコ」をテーマに、ノスタルジックな店内のイメージづくりが成功している。

決定的瞬間を大切に

ラッキーピエロの印象は、お客様と直接向き合う場面以外にも、テレフォンオーダー、インターネットのホームページ、広告チラシ、そしてまた新聞、テレビ、ラジオ、雑誌の紹介記事などによっても形成されます。さらには乗り物の中、学校、職場、さまざまな場での店の噂話や取引業者さんの噂話もあり、「壁に耳あり、障子に目あり」とはまさにこのことで、何らかの噂や口コミで人は印象を形づくってしまいます。

このようにさまざまな場面で形成されるお店の印象ですが、これを左右する要因、つまりお客様サービスの価値を決める要因を分類してみると、以下の七つになります。

①環境要因……立地条件、設備、周辺環境
②感覚的要因……インテリア、色調、音、絵画、鉢植え、BGM、クリンリネス
③人間関係要因……接客態度、対応マナー、言葉遣い、心配り、気配り
④手続き要因……メニュー選択、代金の支払い
⑤情報要因……サービスを受けるための必要な情報

⑥提供物要因……早いか遅いか
⑦金銭要因……支払う金額に見合う値打ち感

この七つについてはすべて怠りなく心血を注ぐのは前提として、お客様が入店してから帰られるまでの一連の行動のなかでも、③の人間関係要因つまり人的接触印象は、多々あるなかでも最も強烈で決定的なインパクトを持つ〝決定的瞬間〟です。「入店時の挨拶」「レジの対応」「料理提供時の対応」「店内お帰り時」といった、これら四つに私たちは焦点を合わせ取り組んできました。

皆さんのレベルが訓練により少しずつ上がり、最近ではアンケートのなかの苦情が大幅に減っているように思われます。皆さん、ますますの向上に努めていただきたいと切に希望します。

各店それぞれの個性プラスアルファの人間関係要因こそが、人をいちばん揺り動かし、感動・感激を引き寄せるのです。

「人として万物人に尽くす」

これはわれわれ人間が一生を終えるまで問い続けなければならない永遠のテーマであり、宿題であります。明日この命が終えようと、悔いなく自己の歴史にハナマルをつけられるよう頑張ろうではありませんか。

一刻一秒心を込め、人に優しく、生きとし生けるものに優しく、考え巡らすだけでなく、行為として現していく道のりを歩みさえすれば、美女美男も醜女醜男でも、にじみ出る人格で本物の美しい人間になれるはずと信じて止みません。

人間性がにじみ出る〝決定的瞬間〟にますます磨きをかけ、共に生きていきましょう。50代最後の年をますます皆さんと共に在りたいと燃えている私です。誕生日の寄せ書き、ありがとう。歳を重ねるごとに増えていく寄せ書きの数に秘かに感激を覚えています。

（2001年5月31日）

アンケートを考える

新年おめでとう。今月はアンケートについて考えてみましょう。

お客様というものは自分のものさし（判断）で、自身の家や他店と比較して私たちのお店の評価を下します。そのものさしから生まれてくる不満足の表現が、アンケートに書き記されています。私たちがどんなに完全を期しているつもりでも、気づかぬところに不完全がたくさんあるはずです。その指摘をお客様のアンケートから知ることができます。

ですから、どんなに耳の痛くなることが書かれていようとも、お客様の声は天の声、神の声ととらえ、幹部もスタッフも、私たちはグループを挙げて、そのご要望、ご希望、お小言、苦情を直視し、必死にその課題に取り組んでいかなければなりません。

アンケートのなかの不満の声は、じつはお客様からの応援歌でもあって、この問題を解決し乗り越えてくれたら引き続きお店に来ますよ、ファンになりますよというアドバイスでもあるのです。

ですからお客様の声は宝の山であり感謝すべき贈り物と考え、お客様に飽きられ、見捨てられないうちに一刻も早く、「お客様不満足」を直視する勇気を持ち、真剣に誠実に取り組んでいかなければなりません。そうでなければ「お店はお客様のためにある」という経営理念やお客様満足経営をしていくという主張は、スローガン倒れになり、よく言われる「絵に描いた餅」になってしまいます。

そしてアンケートのもう一つの狙いは、ほどほどのお客様満足ではなく、その上の感動・感激レベルまで満足を引き上げることにあります。お客様が心の底から求めている要素は何か、意識下に潜んでいる願望をアンケートから結果分析し、不完全さを克服し、常にそこから先はどうしたらいいのか、かゆいところに手の届く十分すぎるほどのサービスで感動・感激レベルまで引き上げていくべきなのです。

そうすることによって、お客様の本質的な支持を得て選ばれる店となっていきます。それが自ずと結果としての業績につながるのです。

お店はお客様のためにある。お客様を喜ばせ大満足させたい。この私たちの精神を全うするための大いなる助っ人「アンケート」の意味を、皆さんにもっと理解していただきたいと思い、今月のお手紙で取り上げました。

さて、わがラッキーピエログループのなかにも今年成人式を迎えた仲間が幾人かおります。

大人の仲間入り、おめでとう。

そのなかの一人、家族から離れて一人暮らしをしていた松陰店の山田さん。はじめは成人式には出席しないと言っていたのですが、一生に一度きりのことと、松陰店の斉藤さん、杉田さん、柏木店長らが中心となってスタッフみんなが協力、貸衣装その他の応援をした甲斐あって、山田さんは成人式に参加しました。

成人式の当日、ビラまきをしていた私たちに「社長、いっしょに写真を撮ってください」と、会場から晴れ着姿で明るく駆け寄ってきた山田さん、皆の温かな思いが生涯忘れ得ぬ想い出になることでしょう。

フランスの画家アンリ・ルソーが好んで描いた熱帯のジャングルを再現したのが松陰店。「アンリ・ルソーの熱帯楽園」と呼んでいる。観葉植物をたくさんあしらって、あたかも大自然の中にいるような開放感が得られる。都会の中にあってひとときき、日常の世界から脱出できる空間だ。

年齢を問わず先輩から後輩へあるいは後輩から先輩へと、温かな心の風が行動となり形となること、とても素晴らしいことと思います。私たちの仲間のなかで、こんなステキなことが起きていたことが私はたいへん嬉しく、心が熱くなりました。ありがとう。

そして昨年は、谷内田店長のところに女児が誕生しました。おめでとう。

すくすくと健やかに育っていくことを願いつつ、私たち老いも若きも、この赤ちゃんの1日1日の成長に負けぬよう、人間として心豊かな成長を日々目指し、今年も仲良く頑張っていきましょう。風邪、インフルエンザ、体調に気をつけてください。


（2000年1月31日）

初めに適切な仕事をする

お客様満足戦略プランの三本柱のうち、一つ目は「グッドマンの法則」（136ページ参照）であり、苦情処理を徹底的にすることです。二つ目は「決定的瞬間」であり、親切No.1サービスを目指すこと。三つ目は「初めに適切な仕事をする」ということです。つまり最初から適切な仕事をして、いかに苦情が来ない（不満を持たれない）仕事をしていくかということです。それは苦情処理による逸失利益の拡大防止です。

物事はどんなことでも、初めにきちんとやれば問題を発生させることが少ないのです。初めにきちんとやらないことによってどのくらいの無駄が生じているのでしょうか。お客様に無関心な（集中しない）結果、平均的な企業で売上高の15～30％を無駄にしていると言われています。私たちが見えている部分だけの苦情報告書や、アンケートに書かれている不満の枚数を数えてみると、私たちの店にも当たっているのではないかと思われます。

たとえば、最初に伝票確認をするというチェックを怠ったばかりに、「入れ忘れ」が起こってしまい苦情が発生する。お客様の不満・苦情も適切な処置をすればその場で済むことでも、言葉遣い一つで大事件になり得る場合もあります。

また異物混入にしても、最初にマニュアルで定められているとおりに全スタッフがローラー掛けをしなかったばかりに、カレーやハンバーガーに髪の毛が混入し苦情が生じる事件が起こり得ます。このような苦情発生後の処理には必要以上の多大なコスト、つまり無駄が生じてしまうのです。

要するに、初めに適切な仕事をするという基本を徹底することが苦情発生を防ぐのです。適切な仕事とは、お客様の望むサービスを提供し、お客様の要求に応えることです。

当然のこと、満足するかしないかはお客様にしか決められないお客様の権利です。それでも、お客様の価値判断に従うということは、最初の段階で適切な、マニュアルに定められた基本をきちんと行うことを意味します。

理屈でいえば、至極当たり前のように聞こえますが、この当たり前の基本をおろそかにしている毎日があるのです。他人事ではありません。すべては自分自身のことです。いま、ひとたび初心に戻り自分の仕事を見直してください。

2月の楽しいニュースをまたここで。

地元衆議院議員が、私どもラッキーピエロのハンバーガーを国会まで持参され、お仲間にご馳走されたとのことです。そしてまた、函館市長やロックバンドのＧＬＡＹ、紀宮様もお食べになりました。ラッキーピエロのハンバーガーをいろいろな分野の方々が口にしてくださるようになったこと、嬉しいですね。

4月は日本のほとんどが新しいスタートを迎えます。そして春を待つ人々の動きも活発になります。皆さん張り切って！　張り切って！

私ももちろん張り切ります。3月もまた、ありがとう。


（２０００年3月31日）

トイレを快適な安らぎの場所に

きれいなトイレは店の心の表れです。店頭の周りや店内が表の顔ならば、裏の顔はトイレやバックヤードです。

表の顔に当たる場所は、お客様の目によくとまるのでどこの店でも力を入れるのですが、裏の方は後回しになりがちで、どうかすると不潔な場所ということで掃除を怠ってしまいます。とくにトイレは掃除が行き届かないと汚れと悪臭のもととなり、「人の嫌がる場所」になってしまいます。

トイレを見ればその家がどのような家かがわかると言われていますが、店もこれと同じで、トイレを見ればその店がどのような姿勢で経営を行っているか、またどのような心でお客様を迎えようとしているかがわかってしまいます。

時代が進み、いまやトイレも家庭においては「安らぎの空間」になっています。家庭と同じように、ただ「用を足す」場所から「安らぎ」の場所へと考えを変えなければなりません。そしてそれに相応しい環境づくりが必要になってきます。トイレは用を足すために入る場所であるとともに、頭髪を整えたりお化粧直しをしたり、心身の力を抜きほっとすることのできる大切な安らぎの場所なのです。お客様がゆったりとくつろげるようなトイレ空間にしなければなりません。

トイレの清掃がよく行き届いた店は快適感、清潔感、料理に対する信頼感、安心感、お客様を思う店の姿勢が伝わり、愛着を感じてもらえるものです。

トイレ掃除が最も大切な仕事の一つであることをラッキーピエログループ全スタッフが十分に理解し、自覚とプライドを持って掃除に取り組んでほしいと思います。

トイレ掃除のポイントは、

①便器を毎日ピカピカに磨く
②ペーパータオル切れの防止
③汚物入れをピカピカに磨く
④洗面所周辺の頭髪と水滴の拭きとりと鏡の汚れをとる
⑤芳香剤の強さに注意
⑥石けん切れの防止
⑦換気に注意
⑧花を飾る

⑨ＢＧＭを流す

の九つです。

トイレ掃除をもう一度真剣に勉強し直し、徹底して掃除を行いましょう。今年は掃除革命３年目[*1]として、大きな目標、外に出て掃除を試みることになっています。その前に早く各店が90点[*2]に到達し、ナショナルチェーンを抜いてラッキーピエログループが函館№１の清潔な店となりましょう。

　スタッフの皆さんの絶大なる協力であと一息です。清掃で定評あるローヤル（イエローハット）、東京ディズニーランド、セブン-イレブンなど、爽やかで心地よい会社やお店がお客様の支持を受け、着実に売り上げを伸ばしています。

　店の成績は掃除の力の入れ方に比例すると言われています。基本的に掃除好きな熱心なラッキーピエログループになりましょう。この努力は必ずやお客様から愛される地域一番店につながる最大のものであると確信します。

　今年の新年会も素晴らしいものでした。皆さんの団結力をひしひしと感じ、大洋に帆先を向けたラッキーピエロ号の舵取りをしっかとやるぞと、心新たにこぶしを強く握りしめています。

大いなるもの、われらのこの努力に報いあれ。

（1998年2月27日）

＊1　掃除革命とは1996年に打ち出した清掃をめぐる意識改革のスローガン。
＊2　自社基準による清掃の採点。90点以上が合格とされる。

後始末が大切

一つの仕事をやり遂げるためには、始めたときの思いを持続させ、終わったときに終止符をポンと打つように締めくくりをし、最後の最後まで心をゆるめないことが大切です。

終わった途端、ホッと気をゆるめると意外と事故が起き、せっかくできたと思っていた仕事がくずれてしまうことがよくあります。まして終わらないうちに気をゆるめることは、とんでもないことです。こういう人の仕事は成功しません。せいぜい70〜80％までいって、大丈夫と思った途端にガラリとくずれてしまう。仕事は後始末ができて初めて完成で、後始末のできない人は何をやらせても中途半端で成功できません。

このようなスタッフがいる店は当然ながら発展性がなく、しばしば仕事でミスを起こして、一度で完成すれば利益が上がるところを、やり直しやり直しで時間と労力と多くのムダを出してしまって、結局損をしてしまいます。店の成績にほとんど関係ないと思われそうな細かな後始末の実行が、意外と重要な役割を果たしているのです。

玄関に入るとその家の人の心境がわかるといいます。店も同様に、店先、ホール、調理場、倉庫にゴミが散らかっていたり、荷物が整理整頓できずにあちこちにゴタゴタ置かれていると、お客様や取引業者さんは、店の経営者やスタッフの人となりを疑ってしまいます。たいていの場合、仕事が多くて片付ける暇がないというより、その人の節度のなさ、ぐずぐずした性格が原因の場合の方がはるかに多いのです。

てきぱきと仕事を切り盛りし、さっさと物事を処理する人は、どんなに忙しくてもちゃんと片付けているものです。忙しいという逃げ口上は自分を甘やかすもの。ラッキーピエログループは総じて後始末が甘く感じられてなりません。ここに後始末をするポイントを挙げてみます。

①後始末はすぐにすること

すぐにせず、後にだらだら延ばすから忘れたり、気が乗らなくなってやりづらくなってしまい、2倍3倍の労力が要るようになってしまうのです。ごく自然に最小限の労力で最大限の効果を発揮するやり方は、間髪入れず一気にやってしまうことです。一息入れ、間を置いては良い仕事はできません。

「間髪入れず」とは相撲でいえば「踏み込み」に相当します。一歩踏み込むことによって自分の力を十二分に出すことができ、ときには自分でも信じられないくらいの不思議な力が発揮できたりします。さらにそこに周囲をも変えていく強い力が働くものです。「間髪入れず」はどのようなときにも重要ですが、後始末の場合にはとくに大切です。

・やるべきことを後に延ばさない。
・礼状や返事はすぐに出し、報告・連絡・相談はすぐする。
・道具や用具その他は使用したらすぐ元どおりに戻しておく。
・掃除をきちっとし、隠れているところまで美しくする。

②終わってからさらにもう一度確かめること

たとえば、カギをかけたらもう一度かかっているかを確かめる。掃除が終わったらもう一度全体を見てまわる。すべて後始末が終わったらもう一度点検すること。簡単なようでいざ実践となると怠っている場合が多いものです。

③終わってもなお緊張をゆるめないこと

すべて終わり、後始末が済んでも気をゆるめないことが成功の秘訣です。

スタッフ全員が強い責任感を持ってすばやく後始末を完璧にし、常に毎日の有終の美を飾っていきましょう。狂牛病、O－157の影響がいまだ続いています。私たちは人の生命に関わる仕事に携わっています。家庭内で、各店で、食中毒に最大限の注意を払いましょう。いつも協力ありがとう。協力は強力なり。

（1996年9月30日）

ありがとう、感謝します、ツイている

私たちは何と素晴らしい本に出会ったのでしょうか。

人生のなかで出会う人や書物や仕事、趣味、ペット等々、いろいろありますが、この『ツキを呼ぶ「魔法の言葉」』（五日市剛著）はほんの60ページ弱。定価は税込みで500円（当時）、クルリと丸めて片手で握れるほどの小冊子です。宗教くさい香りもしませんが、なぜか自然と心と魂に染み入ってきます。ビジネスの損得に焦点をあてたサクセス本のイヤ

らしさもなく、誰もの心に何の抵抗もなく入り込んできます。

この小冊子は身体は小さくとも、とてもとても大きなエネルギーと説得力を秘め、この世に生きる私たち一人ひとりが望んでいる幸せを、たしかに引き寄せるパワーを携えて私たちの前に現れてきた感じがして、皆さんに紹介でき得たことが嬉しくてなりません。

ツイている、ツイていないというツキはあるもの。そしてツキが簡単に手に入る魔法の言葉、それは「ありがとう」と「感謝します」です。

難が有るときに有り難うと言います。イヤなことが起こるとイヤなことを考える。重なる不幸は世の法則。その鎖を断ち切る言葉が「ありがとう」です。鎖を断ち切るだけでなく、逆に良いことが起きていく、俗に言う思考転換のプラス発想説となっています（同書18ページより）。

「感謝します」は何か良いことがあったときの言葉。たとえまだ起きていない未来のことでもイメージしながら言い切ると本当になる。何の疑いも不安も心配もなく、力まずに思い込むことです（同書19ページより）。

ツキが吹っ飛んでしまうのは、汚い言葉、人の悪口、人を怒ること。怒れば怒るほどせっかく積み重ねたツキがなくなっていきます。ネガティブな言葉は使わない。きれいな言葉で生きていくことです（同書20ページより）。

フーッとほこりを払う息は目に見えないけれど、押しのける力、つまりエネルギーがあるのと同様に、「言霊《ことだま》」といって、どんな言葉にも魂があり、言葉・思考にはエネルギーがあるのです。良いエネルギーは良いものを、悪いエネルギーは悪いものを、同種のエネルギーは引き合い、そしてエネルギーは現象化し物質化すると実証されています。

さて、理論だけでなくいざ実践となると、これは難しいもの。私たちの心や魂のなかに内在する善や生の真《まこと》を内側から引き出し輝かせることができるなら、それはそれは素晴らしいことに違いないのですが、煩悩を抱いてこの現世に生きる雑念の衣をまとった私たちにとっては至難の業に近いものです。ですが、外側から攻めていく、つまりトレーニング、習慣をつけることによって潜在意識に積み上げ、クセをつけていくことはそう難しいことではなさそうです（同書41ページより）。

お遍路さんをしたときの私がそうでした。お恥ずかしい話ですが、般若心経すらもまともに読めず、空海大師の極意の説すらまともに知らずに歩きはじめた私でさえ、外側の形を整えて白装束を身にまとい、傘を頭に載せ数珠を回しお杖を手にすると、心なしか身も心もきりりと締まり、隠れ潜んでいた自己のなかの生命の息を感じる思いがしました。そして野を歩き獣道のような道をたどり山越えをしていると、日々閉じていた五感が開いたように、緑の樹木の息づかい、大地の脈音、空の光の新しい色等々、不思議と鋭く感じられたのが想像だにしなかった大きな収穫でした。外からのトレーニング、自ら習慣をつくり出すことの意味の再発見・再確認でありました。

私たちは生まれ落ちた環境は平等ではありません。しかし、与えられる、あるいは出会う機会やチャンスを生かし、活かすことができる魂・生命においては平等のもとにこの世に生まれてきていると私は考えます。

ここに出会った素晴らしく大きなパワーを持った小さな小冊子を最大限に活かすチャンスを逃さぬよう、皆さんとツキまくる幸せな人生を共にしたいと私は切に思います。皆さんが幸せであることは、おこがましい響きかもしれませんが、私の切なる願いであり、このラッキーピエログループでの出会いをもっと素敵に活かし、素晴らしい人生を共に全うしたいと考えています。

著者の言葉を借りるなら、「ありがとう」「感謝します」に加えて「ツイている」「運が良い」を、意識的にくり返して言い、クセになったらこっちのもの（同書41ページより）です。

ツキまくる人生を送り、真にほとばしり出る幸せを、食を通して一人でも多くのお客様に与え、分かち合っていきたいものです。この本に出会った私たちはツイている。ツキまくるラッキーピエログループを支えるツキまくる皆さんに感謝し、皆さんに出会えたことに感謝します。

ツイてる、ツイてる心の大きな反響とともに左右の掌をかたく合わせ、合掌。

（2005年6月30日）

社会貢献とは

「社会貢献」「地域貢献」などという言葉を聞くと、何か日々の自分たちの生活範囲からはほど遠いことのように感じてしまいます。ですが本当は、あまりに身近な当たり前の事実を言っているに過ぎないのだということに私は気づきました。

私たち人間は自然の産物であり、自然の取り巻きなくしては、1日たりとも生きてはいられません。水、空気、太陽……、並べ上げると果てしない自然の恵みと摂理のなかに生きていることに気づきます。私たちの衣食住のすべては自然の生命を頂いた物の加工で成り立っています。

ひょっとして忘れてはいませんか？　われらの家もお店も木々の生命を頂いて建てられ、小さな大きな憩いや幸せの場になっていることを。そして動植物の生命を頂いて食を得ていることを。生命を、自然を、決して無駄にしてはいけないのです。

私たちラッキーピエロがナプキン、チラシ、おしぼり、レシート等々で再生紙を利用していますが、これは自慢以前の、当たり前の行為なのです。

自分の家の中にゴミをポイ捨てする方はいるでしょうか？　散らかった部屋、雑然とした薄汚れた家の中に心地よい憩いの場はあるでしょうか？

人間の愚かな身勝手で街を汚すと、汚れた街、不潔な街は人の心を蝕み、罪も巣を張り根を下ろし、快適な生活を育むことのできない場へと変わっていきます。

ある心理学者が「割れ窓理論」というものを唱えました。割れた窓ガラスの1枚を放置しておくとガラスはどんどん割られ、すべてのガラスが割られてしまう。ですから逆に、ニューヨークの地下鉄の、そして街のなかの落書きを消していき、小さな犯罪を一生懸命取り締まったところ、ニューヨークの犯罪が激減したという事実があります。整理整頓、清潔がひとたび崩れるとどんどん拍車がかかり、それは人の心にまで悪影響を及ぼすものなのです。

昨今、新聞やテレビの報道にふれていると、いま、大人、老人、そして子どもたちの心でさえ、病んでいるように見えるときがあります。この手にあまる問題の前で溜息をつく前に、人間の愚かな身勝手で汚した街を、小さな汚れのうちにやっつけろ！　です。

ラッキーピエロの海の清掃、公園周りのゴミ拾い等[*1]は、わが家にゴミを捨てない、散らかさない、と同じ次元の当たり前の行為の一歩なのだと思います。

そして人は本来、人にやさしくありたい動物です。人にやさしくした後の心は、ほんのり温かく、心地よい。そんな経験は誰でもあることです。他己とは他の己《おのれ》（つまり自分自身）、自分自身の己にやさしくできたからこそ自己の己が温かく心地よくなるのです。だから、ユニセフ募金、盲導犬募金[*2]、等々の、やさしい心の呼びかけは私たち自らの心をも豊かにするのです。

自然の恵みのなかに生き、自己の生命を大切に思うなら、当たり前のことを当たり前に行為する心、それがちょっと遠くに聞こえる言葉「社会貢献」であり「地域貢献」であると私は考えます。

２人以上の人間の集まりはもうすでに社会、その２人以上の人間の住む場は地域なのです。人知れず行う清掃、ボランティアという名のもとに行う清掃、募金も、善などというおごり高ぶった行為ではなく、本当は当たり前の行為なのかもしれません。

ですがそこまで厳しく理を唱えずとも、私たちが心地よく快適に幸せに生命をはぐくめるよう当たり前を当たり前に実行し、自然を保護・維持できるとすれば、それはきっと素晴らしいことなのだと考えます。

生命を無駄にしない、とりまく自然を侮らず、感謝を持って護ること、小さな行為、小さな一歩から進み続けていきたいと思います。大海の水も小さな一滴から。

師走を迎える函館、雪の少ない冬です。ですが冷たい風が夜を走り、心を包むかのごとく身体は固く縮みます。

皆さんが力一杯、幸せであるようにと、私の心が天を仰ぎます。

なぜかまた、この言葉で今月も締めくくります。皆さん、ありがとう。


（2003年11月28日）

＊1　観光スポットに立地する五稜郭公園前店の周辺が散らかっていたことがきっかけで始まった清掃活動は、2016年現在で50回以上続いている。
＊2　各店舗のレジの前に募金箱を設置し、北海道盲導犬協会に毎年寄付を行っている。

有珠山大噴火時の炊き出し

懇意にしている英国の友人がおります。ロビンとニックといって、皆さんもうすでにジャンボフランクでおなじみだと思います。彼らは私と同じ年代を生き、年齢も私よりほんの少し上です。ですが彼らの生き方と私たちのそれとの大きな違いは、日々の生活のなかで人助けをしながら自らの人生を楽しんでいる、ということなのです。困っている人、トラブルに苦しんでいる人、どんな人にも自分たちの力が及ぶ限りは心と行動の協力を惜しまないのです。

そして私たちから見ると素晴らしいその行為は、彼らにとっては日々の食事と何ら変わりなく、至極当たり前のことになっていて、賞賛する私の言葉自体が彼らには不思議に響くほどなのです。

彼らの善行の足元にも及ばぬ自分を省みるたびに、いつも心に得体の知れない「透けた穴」を感じていたものです。同じに一度の人生を生きるなら、同じにこの時間を生きるなら、形からでも真似てみよう。そこで始めたのが10円カレーユニセフ募金でした。

今年で4度目を迎えるこの運動も、たとえ形からのスタートでありながらも、その私たちの募金が世界のどこかの貧しい小さな子どもたちに確実に物理的協力となっているという実感が湧きつつ、この運動をして当然、しないことなど考えられないと思えるようになりつつあります。

人は心のなかで必ずや善行をしたいという願望があるはずです。ボランティアという言葉は口先で唱えると大げさで、ときどき自分のなかで嘘っぽく響く言葉ではありましたが、その行為自体によって助けられ、助かる人は確実に存在するのです。

そしてどんな風に手助けをしていいか手段がわからないだけで行動に移せず、考えるだけで終わってしまうことも多いものです。

今回の有珠山噴火での炊き出しも、阪神大震災の経験を経てきた未来部長の小さな提案から出発し、今回こんなに大きな行動に移せたこと、約９００食のカレー、それは被災者全員には渡らぬ小さなことかもしれませんが、私たちにとってはとても大きなことができたと思っています。スタッフの並々ならぬ協力のもと、本当に本当に嬉しく思います。

そして現地に出向いてくれた店長らを初めとするスタッフたち10人に、心からの協力をありがとう、そしてご苦労様という拍手を送るとともに、店長らのいない間、各店をしっかりと護ってくれた各店スタッフ、パブスタッフ、そしてカリナリースタッフ、事務所のスタッフ、私たちのラッキーピエログループ全員に感謝のありがとうをいいます。

目の前にある一つひとつを実行していくことは、所属する部署にかかわらず、皆さん一人ひとりの心や力の協力があってこそ成し遂げられるのです。善きことを成し遂げられた後の心は、さわやかに嬉しく、感動にも似たものがあります。

そしてまた、五稜郭公園周りの清掃ボランティアも無事修了しました。ご苦労様！

小さな、大きな善行がロビンとニックのように当たり前にできるような、そういう人生を皆で歩んでいきたいものです。いつしかその善行をあえて語らずしてでき得るような人間になれたら素晴らしいと思います。

有珠山噴火により函館への観光客も激減ですが、いつもどおり誠意を尽くした仕事をし続けて、このゴールデンウィークに向かいましょう。

地球的変化、景気の変動にも打ち勝つ確かなものは、確かなる己の心意気と努力です。そしてラッキーピエログループ一人ひとりの善の集結が必ず素晴らしいものを人生に生み出していきます。

今月のお手紙は、でき得た小さな善行の喜びに興奮気味に書いてしまいました。読み返す私も少々顔が赤らみます。ですが、皆さんと共に働けていること、本当に嬉しく感じています。ありがとう。

有珠山噴火避難の皆さんの被害が最小限にとどまり、一日も早く帰宅、復帰し、平和な日々に戻れるよう、皆さんで祈りましょう。

（2000年4月28日）

＊1　ボランティア精神に富んだ筆者の古くからのイギリスの友人、ロビンとニックは、イギリスを訪問するたびにドイツ人の肉屋から仕入れた美味しいソーセージで筆者を歓待してくれた。その彼らが日本を訪れた際に、ラッキーピエロのジャンボフランクを大いに喜んで食したという。

宇宙銀行に徳の貯金を！

今年のスローガンにお客様、同僚、周囲に、一日一つ良いことをしようと掲げましたのは、天に〝徳積み〟をしようということです。

「徳の貯金」とは周りの人が喜び、得するようにしてあげる生き方をするということです。人のお役に立つ生き方をするということで、人の幸せに尽くす善行を積むということなのです。

私たちがいまここに在るのは、そして生きて幸せを感じる瞬間があるのは、この自分自身の力だけで得られた幸せではないのだということを知らねばなりません。両親、祖父母、遥かわれわれの先祖たちの積み上げた徳が、いま現在の私たちに回りまわって私たちの幸せの手助けをしてくれていること、そして近くや遠くの人たちに助けられながら現在の自分があり、幸せがあるのだということを忘れてはなりません。

ですから親や社会に感謝し、恩返しをし、徳の貯金をし続けていかねばならないのです。

徳とは「精神的、物質的に他人を喜ばせるために（人の幸せに尽くすために）善行を積む」という意味です。そしてそれは、必ず後から自分の幸せにつながるというものです。

徳の貯金は宇宙銀行に預けるのですから、絶対に潰れることはありませんし、残高は必ず保護されますから安心です。

しかも誰も見ていなくても、神様（法則）が認めて覚えていてくれますから、踏み倒されることもありません。さらに利息がついて必ず返ってきますし、自分が一生のうちに使い切れない残高は子や孫に支払われますので損は決してありません。

ただしこの徳貯金は、長い目で考えてほしいのです。良いことをしたらすぐに褒めてほしい、すぐに認めてほしい、いますぐに褒美が欲しいといって短期間に見返りを求めるせっかちな人には続かないかもしれません。また打算的な下心の強い人も困ります。しかし長く長く続けていけば、必ず幸せな一生を送ることができるはずと思います。

振り子の原理のように徳の振り子は必ず振った振り幅分だけ戻ってくるのです。必ず必ず。

他人に喜ばれることをする人間になりたいと自分自身も思いますし、皆さんにもそうあってほしいと願っています。

具体的には有珠山のカレーの炊き出し[*1]であったり、12月25日のユニセフ10円応援企画[*2]であったり、ラッキーピエロボランティア清掃や植樹活動であったり、毎日のご近所さんまでの清掃、トイレを自由に使っていただくこと、地図作りをして道案内をすること等々、徳の種まきというのは自分のお仕事を通して、いくらでもでき得るということに気づかれているると思います。バースデーの歌もその一つですね。

私の日課の、朝5～6時のたくさんのアンケートチェックのなかでは、徳の貯金をされている皆さんの仕事ぶりが伝わってきて嬉しくてたまりません。

また、自宅で育てたお花や鉢植えを私たちの店に置いてくださっているスタッフがあり、家まで持ち帰って会社の仕事をしてくださっているスタッフあり、自宅で使用していない炊飯ジャーがあるとお店に持ってきてくださる人あり、若いスタッフのために手製のお料理を時折持参し振る舞ってくれているスタッフあり……。

そしてまた、地球に優しい生き方をするのも徳積みであると考えます。ナプキンやおしぼりをなるべく「木」を使用しないものに変えていく。油ゴミを出さぬよう重油として使用するために回収してもらったり、店内でグラスを使用しているのも、紙ゴミを少なくしたいという考え方からです。

徳の貯金をより理解しやすく表現したものに「一日一善」という言葉があります。小さなことでよいから1日1回、人の喜ぶことをさせていただこうということだと思います。

原点に戻って、私は徳の貯金をする集団づくりに専念したいと思います。皆さんの日々の仕事のなかで振りまいた愛の善行が、お客様からの言葉やアンケートで知らされるときの喜びほど嬉しいものはありません。
皆さん、いつもありがとう、ありがとうです。
20世紀のあとひと月、「宇宙銀行に徳の貯金を」。
忙しい12月の日々、身体に気をつけてしっかり生きましょう。

（2000年11月29日）

＊1 2000年の有珠山噴火のときに行ったカレーの炊き出しのことを指す。
＊2 ユニセフに10円以上の募金をするとカレーが無料で食べられるという毎年クリスマスのキャンペーンのこと。
＊3 誕生日に来店すると、居合わせたお客様も含めて、スタッフにバースデーソングを唄ってもらえる。もともとは社内の朝礼でスタッフのために唱ったことから始まった。

手紙を書き続けること

スタッフとの共有時間をできるだけ増やす

私は常々、スタッフの皆さんとは根っこの部分で結ばれていたいと考えています。もし仮に、損得だけで結ばれているとしたら、非常に危ういと思います。もっと得になる働き場所があれば、そちらへ行ってしまうということですから。

やはりわれわれは、根っこ部分で結ばれていて、「生まれてきて本当によかった。仲間と出会えてよかった」と言い合える関係でありたいと思います。だからこそ、「おれたちは函館を愛しているよな。いっしょに函館を素晴らしい町にしよう。きれいな町にしよう」といった共通意識も芽生えてくるのだろうと思います。

スタッフの皆さんと根っこの部分で結ばれるには、どうしたらいいのでしょうか。私が手紙を書き続けているのはそのためです。いろいろと方策は他にもあると思います。スタッフとの共有の時間、つまりいっしょにいる時間をできるかぎり多く持つ、というのもとても有効です。

スタッフといっしょにいるといっても、平常の営業時間内では難しい。そこでラッキーピエロではコミュニケーションの時間を増やすために、社員旅行で海外に行くことにしています。社員旅行というと、お酌やご機嫌取りを嫌う若者が多いためか、声をかけてもなかなか集まらないという話を聞きますが、当社の場合、人気があります。この社員旅行ではより多く頑張っているスタッフと、より多くの時間を共有できるよう配慮がなされています。

3年に1回、ハワイ研修旅行というのがあり、これは1回に12~13人ずつのスタッフが対象になっています。かれこれ90人ほどがいっしょにハワイへ行っている計算になります。その他にも韓国研修、香港研修もあり、海外への研修参加者数はもう少しふくれ上がります。

また、遠足としてぶどう狩りやリンゴ狩りがありますが、これは単なる旅行ではなく、社員研修を兼ねたものになっています。というのも、社員旅行にはリーダーが必要だからです。サポーターも必要です。さらにいえば、お客様役も必要です。たかがぶどう狩り、リンゴ狩りと笑ってはいけません。真剣にやろうとすると、それなりのキャラクター設定が必要なのです。そのキャラクター設定を順番に担当するから勉強になる。店長がサポーターとしてリーダーの配下にくだり、何くれとなく気を遣い、サポートするというのは、平素の業務のなかではなかなか体験できないことだけに当人にとっても貴重な人生の一コマになるのではないでしょうか。

旅行のほかでは毎月、バースデーサミットという集まりを実施しています。これは、その月に生まれた人が集まって飲んだり食べたりする食事会で、私自身100%出席するよう努めています。バースデーサミットが面白いのは、ただの食事会ではなく、毎回、テーマを決めておいて、そのテーマに沿ってみんなで語り合うことです。「私の親孝行」というテーマで話し合ったときには、参加者全員が泣きだしたのを見て、いたく感動させられました。ああ、こんなにもお父さん、お母さんのことを思っていたのか、と。

ある年、1月生まれのバースデーサミットのテーマが「父親の話」でした。ある女性スタッフが「うちの義父はいま変な咳をしているんだけど、病院嫌いの頑固者で病院へ行かないんです。もう少し様子を見て、それでも治らないようなら病院に連れて行こうかな」と。

これを聞いて年配の女性が毅然として言いました。「いますぐ病院へ連れていきなさい。私たちに怒られたからでも何でもいいから理由をつけて、首に縄をつけてでも連れていきなさい」と。その真剣な物言いにビックリして急ぎ病院へ連れていったら、果たしてガンが見つかりましたとのこと。幸いにも早期発見だったため、命に別状はなかったそうです。おそらくアドバイスした女性には、似たような経験があったのでしょう。ウチのバースデーサミットは役立つなあと手応えを感じたものでした。

バースデーサミットは、その月に生まれた人ならば、長幼の別を問わず誰でも参加します。「お父さんの話」「お母さんの話」「子どもの自慢」「故郷について」「最後の晩餐に何を食べたいか」……身近な体験を語ることでお互いをよく知ることができ、また情報の共有ができる。同じ月に生まれたことをきっかけに、別の店舗に勤めるスタッフとも顔なじみになれる。

何にもまして、社長である私がスタッフのことをもっと知ることができるのですから、万難を排して参加するようにしています。人数が増えるとスタッフとのコミュニケーションは難しいでしょうとよく言われますが、ウチに関してはそんなことはありません。

社長が主催した食事会で一方的に社長がしゃべり、スタッフは聞き役に徹するというパターンがよくあるようです。それでは意味がありません。私は聞き役に徹し、スタッフの家族や子どもたちを含めた関心事に耳を傾けるようにしています。その結果、スタッフとの心の絆を保ち続け、ともに共通の未来を見ることができます。バースデーサミットは私にとって大切なコミュニケーションツールなのです。

与えよ、さらば与えられん

お店が存続するということは、裏を返せばそのお店がお客様から求められているということです。お客様から求められていないものをいくらつくっても、買ってくれる人がいないのですから、そのお店の存在価値はありません。もちろん、経営が成り立ちませんから潰れてしまいます。

ですからお店が存続し、繁栄するためには、多くのお客様から求められるものをつくって売ることが必要不可欠になります。私たちのレストラン業でいえば、自店のつくった料理の美味しさが、自店のサービス力が、自店の店舗力が多くのお客様から喜ばれ、満足を与えることが重要なのです。それがお客様に役立つことでもあります。そのように、多くのお客様に役立つものをつくり続けることができれば、「繁栄」という二文字を手にすることができるでしょう。新約聖書のルカによる福音書には、「与えよ、さらば与えられん」という、無限供給の黄金律があります。これは、永遠に変わらない「繁栄の原理」でもあります。

お店は経営が成り立たなければなりませんが、まず、自分の利益よりお客様に与えることを考える。与えるということはお客様の役に立つこと。お客様を喜ばせ、満足させること。つまり、お客様に利益をもたらすことです。物質的な面だけにかぎらず、精神的な面でも利益をもたらすことができます。たとえば、親切、笑顔、優しい言葉、良い感じなどなど、いくらでもあります。

お店は、地域のお客様に期待され、好まれるお店になるためにどれほど多くのものを与えることができるかを考えますから、スタッフの皆さんはスタッフ個人として、どれだけ多くのお客様に与えることができるのかを考え、行動してほしいと思います。そうすれば、私たちは間違いなく豊かな人生が得られるようになります。

そのために最後に、もうひと言だけ申し上げたい。

日本では昔から、お茶やお花、あるいは剣道などの稽古をするときの心構えとして「守・破・離」ということが言われてきました。「守」とは、師についてその流儀を習い、その流儀を守って修行に励むこと、またはその期間。平たくいえば、ひたすら師匠を真似るわけです。そうして来る日も来る日も基本の修行に励んだ結果、その流儀を体得できたら次は「破」。つまり、あえてセオリーを破ったり、他流を研究してみたりする段階に入るわけです。そして、最後の仕上げの「離」。従来のセオリーから離れて、独自のオリジナリティを確立する段階に入っていきます。

こうやって守・破・離の三段階を経て人は一人前に育っていくのだ、という考え方が昔からあるのですが、守・破・離それぞれの期間を仮に3年としたら、一人前になるには8年から10年の歳月がかかる計算になります。どんな仕事でも「10年続けて本物、30年続けて一流」といわれていますが、まさにそのとおりだと思います。

このスピード時代の現代にあってもなお、一筋に徹する根気強さは必要不可欠です。人もうらやむような才能に恵まれながら、根気強さに欠けたため、あたら才能を発揮することなく終わってしまった人なら掃くほどいます。根気強さは才能を開花させるうえでも、絶対に必要な要素なのです。

ラッキーピエロも創業29年目を迎え、人がたくさん育ってきました。船出したころは頼りなかったけれど、いまはプロ中のプロが何人もいて、頼もしいかぎりです。まだプロの領域に足を踏み入れていないキャリアのスタッフの皆さんも、良き先輩たちを見習って、己磨きの修行のつもりで仕事に立ち向かっていただきたいと思います。

第5章

地方再生は函館から

ベイサイド海上レストランピア館
マリーナ末広店

トイレの開放から始まったラッキーピエロのボランティア活動

ラッキーピエログループは今日、函館を代表するハンバーガーチェーンとしてのみならず、ボランティア活動に熱心な企業としてその名を知られるようになりました。中には、ラッキーピエロは函館のボランティア活動の象徴的存在である、とおっしゃる方もいます。そこまで評価されると、体のあちこちがこそばゆくなってきますが、私たちがボランティア活動に力を注いできたのは事実です。ただしそれは、義務感、使命感をともなうものでも、成長戦略の一環としてやったものでも決してありません。

義務感、使命感というより楽しくやろう、身の周りの小さなことからやろう、参加者の主体性を大事にしよう、無理強いはやめよう、ということに主眼を置いてきたつもりです。平たくいえば素朴なボランティア活動、自然発生的なボランティア活動を目指してきたわけです。また、ボランティア活動に熱心な企業と認知されればあらゆる方面で有利に働くだろう、という計算というか目論見もまったくありませんでした。だからこそ逆に長続きしたのではないかと思っています。

さて、ラッキーピエロのボランティアの歴史は（歴史といってもささやかなものに過ぎませんが）そもそも、店舗のトイレの開放から始まっています。

ラッキーピエロ1号店の出店のための準備を始めたのは１９８６年のことですが、出店したあかつきにはトイレを開放しよう、当店のお客様でなくても地元の人がトイレを使いたいといってきたら快くお貸ししよう、観光客にも開放しよう、と私は考えていました。いまでこそ、トイレを開放している店は珍しくなくなりましたが、当時はファストフード店にしてもコンビニにしても、トイレの使用はお客様限定とされていて、トイレを開放しているところはほとんどありませんでした。それが当時は当たり前でした。

しかし、私には違和感がありました。どんなお店であれ企業であれ、事業を行っているかぎり、地元地域に負担をかけています。大なり小なり、何らかの負担をかけながら事業を継続しているわけです。であるならば、地域の一員として地域に役立つことを積極的に買って出るべきだ、少なくともトイレくらい自由に使ってもらったらいいだろう、と私は前々から考えていたのです。

トイレの開放は地域に役立つだけではありません。観光客が知れば、彼らの口コミで函館の町の評判も間違いなく高まるはずです。そんな理由でラッキーピエロではトイレを開放することにし、店内に「トイレのご使用、ご自由にどうぞ」のポスターを貼って1号店をスタートさせました。

そうしたところ、ほどなくして現場のスタッフからクレームが上がってきました。トイレの開放を即刻中止してほしいというのです。理由を尋ねると「公衆便所と勘違いしているのか、ダダーッと入ってきてダダーッと用を済ませてダダーッと出て行く人が多くて、店の雰囲気が台無しです。それにトイレの汚れ方もひどい」とのこと。それが本当なら、何らかの対策を講じる必要がありそうです。

こんなことでトイレの開放を中止にしたくはない。さりとて、このまま手をこまねいていれば遠からず売り上げに響いてくるのは間違いあるまい。何かいい解決策はないものか……。思案の末に思いついたのは、「トイレのご使用、ご自由にどうぞ」の脇に「ご使用の際はひと言、声をおかけください」の一文を添えることでした。そんなことで効果が期待できるのかどうか、見当もつきませんでしたが、実践してみたらクレームがピタッと収まったのですから驚きです。

「至誠天に通ず」というように、誠の心で向き合えば、人の心はどこかで通じ合うものなのです。それまで公衆便所のように使っていた人たちは、きっと〝よそ様〟のトイレだということに気づかなかっただけなのです。

私はこのとき「ひと言、声をおかけください」の一文を添えるだけでなく、「いつもトイレを美しく使ってくれてありがとう」と書いた紙をトイレに貼ることにしたのですが、こちらの効果も抜群で、トイレ掃除をするスタッフの負担が軽くなりました。われわれは誠意でもって「ご自由にどうぞ」といってトイレを開放する。使用する側は使用する側で、こちらの誠意に応えるかたちできれいに美しく使う。そうすれば、〝ウイン・ウイン〟の良好な関係が生まれるのではないか、という私の目論見どおりの結果となりました。

ちなみに、この「いつもトイレを美しく……」はその後、ちょっとしたブームになったらしく、あちこちで目にするようになりました。先日入った全国チェーン店のトイレにも貼ってあるのを発見したときには、思わず苦笑してしまいました。

トイレの開放なんて、いまとなっては取るに足らない些細なことですし、厳密にいえばボランティアに該当しないことかもしれません。けれども、ラッキーピエロのボランティア活動の原点であり、いつになっても忘れられない、懐かしい思い出になっています。

街角清掃ボランティアの開始

トイレを開放したことで、地域の方々がラッキーピエロに対して仲間意識を持つようになってくれたのかどうかわかりませんが、その後、地域の祭りのポスターやら学園祭のポスタ―やらの店内掲示の依頼を受けたりしているうちに、地域の方々とラッキーピエロとの距離が次第に縮まってきました。地域に役立つことを実践しながら地域と共に成長し、地域一番店を目指すわれわれにとって、理想的プロセスを歩み出したのです。

ところが、大きな問題が行く手を遮っていることに気づくのに、そう時間はかかりませんでした。その大きな問題とは、ゴミ処理にまつわる問題です。どういうことかというと、私たちが頑張って1店舗増やせば、地域一番店に一歩近づきます。それはたいへん喜ばしいことですが、1店舗増えるとゴミもまた1店舗分増えて、地域の負担をより大きなものにしてしまうのです。地域一番店に近づけば近づくほど地域の人々の負担が大きくなる。このパラドックスを避けることはできないものなのか。

それでなくても使い捨て容器を使用し、売れ残ると廃棄するのが一般的なファストフード・レストランは、普通レストランの2倍のゴミを出すといわれているのですから、早急なゴミの排出抑制対策が必要です。それは重々承知しているのですが、何から手をつけたらいいのか、わかりませんでした。

そうこうしている間に、本格的なボランティア活動に取り組む機会が巡ってきました。いまから18年前の1998年のことです。

この年の2月、五番目の店舗としてラッキーピエロ五稜郭公園前店がオープンしました。

有名な観光スポット、五稜郭の目と鼻の先にあるお店です。ところが店をオープンすると、隣接する空きスペースが若者たちのたまり場になっていることがわかりました。それというのもすぐ隣がボウリング場だったからですが、その空きスペースは若者たちが投げ捨てた空き缶、空きビン、タバコの吸殻などでひどく汚されていて、これを目にしたスタッフ一同、しばし声を失くすほどのショックを受けました。

が、やがて誰からともなく「スタッフ総出で片づけよう。それしかないだろう」という声が上がり、スタッフ全員の人海戦術できれいにすることになりました。そのときに「ここは函館を代表する観光スポットなんだから、清掃範囲をできるだけ広げよう。隣の空きスペースは缶やビンが散乱しているけれど、ウチのテイクアウト商品の包装紙やレジ袋だって街を汚しているかもしれないんだ。だから手の届くかぎり掃除をして、街をきれいにしよう」という意見が出され、とりあえず五稜郭公園を含む広い範囲を目標に置いて、一斉清掃をすることに決まりました。

一斉清掃といってもそれほど大袈裟なものではなく、空き缶や空きビン、タバコの吸殻、それに一般ゴミを拾ってはビニール袋に詰め込むだけなのですが、何分にも範囲が広いため、いざ清掃をするとなるとけっこう疲れるものです。それに、あくまでボランティアですので、見返りは一切なしの無料奉仕です。だから清掃活動が終わったあと、スタッフのみんなが「もうこりごりだ、二度とやりたくない」と言い出すのではないか、と私は思っていました。が、あにはからんや「楽しかった」「じつにすがすがしい」「疲れたけれど気分爽快」「地域の人に褒められてうれしかった」という台詞が次から次へと飛び出してきたのには、心底びっくりさせられました。

生まれて初めてボランティア活動に参加して、皆それぞれ何かを感じたのでしょう。感動することがめっきり減って、無感動が当たり前になっている日常生活にあって、ボランティアは〝何かを感じる〟ことのできる数少ないイベントの一つではないか。その〝何かを感じる〟ことにこそボランティア活動に参加する意義があるのではないか。スタッフ教育ひいては人間教育にはボランティア活動が最適なのではないか。そんなふうに、私は考えるようになりました。そして、今回のようなイベントは1回かぎりで終らせるのではなく、定期的にやっていったほうがいい、そうすべきだと秘かに考えました。

そうしたところ、「せっかく頑張ったのだから、定期的なイベントにしたらどうだろう」という、まるで私の心を見透かしたかのような誰かのひと言で、今後は毎月1回、1日の朝の1時間、各店舗周辺のゴミを拾うことになったのでした。朝8時から9時までが清掃で、9時から店の開店準備をして10時開店です。また、1日が日曜日だと忙しいので、その場合は次の日に清掃を行うようにしました。

かくして早朝の街頭清掃が定期化されたのですが、その後、お取引先やラッキーピエロの「サーカス団」、つまり常連客の皆さんに声をかけたところ、たくさんの賛同者が集まってくださいました。それだけでなく毎月1日の朝を迎えると、箒を手にした地域の一般住民の方々も顔を見せるなど、もはやラッキーピエロのボランティア活動とは言えない状況になってきました。これぞボランティアが本物に育ってきた証であろうと、心から喜びました。

いまではすっかり根づいております。それでも私には気がかりなことがあります。皆さん、楽しくやっていらっしゃるのかどうか、ということです。

自分たちの住む函館の街をきれいにするのは、函館市民に課せられた義務です。この義務を果たさないかぎり、あるいは果たす意欲を持たないかぎり、函館の再生も、ふるさと創生も夢物語でしかありません。でも、義務感、使命感を前面に出しすぎると、やがて疲れてきます。凋れてきます。義務感、使命感だけで最後までやり通すことができる人は、そんなに多くはない。

それより大事なのは、楽しむことです。何ごとによらず、楽しむことが長続きさせるいちばんの秘訣であるはずです。では、ボランティア活動をしているときの楽しみって、何でしょうか。蓼喰う虫も好《す》き好《ず》きという言葉もあるとおり、人の好みについては一概に言えないところがありますが、万人共通の楽しみというと、さしずめおしゃべりということになるでしょう。おしゃべりなんか嫌いだとおっしゃる向きもあるかもしれませんが、万人共通の楽しみはおしゃべりであると勝手に信じている私は、ボランティアに参加したときは誰彼かまわず、「おしゃべり、楽しんでいますか」と声をかけることにしています。

甦った湯の川海岸

毎月1日のボランティア活動が始まってからほどないころ、私の娘でもある未来副社長が言ってきました。

「街中の清掃も大事かもしれないけれど、海辺もゴミだらけです。いまのままでは、函館の美しい海を期待してやってくる観光客をがっかりさせてしまいます。海辺のゴミ掃除もやるべきではないでしょうか」

何、そんなに汚れているのか？　さっそく確認しにいくと、娘が言ったように函館の海辺はどこもかしこもゴミだらけで、とくにひどかったのは湯の川海岸でした。そこで、湯の川海岸から清掃に取りかかることに決め、ネットでの呼び掛けに応じてくださった約100人の有志といっしょに清掃に当たったところ、たちどころに大きな段ボール箱100箱分のゴミが集まりました。でも、大量のゴミを集めたというのに全然きれいになりませんでした。見た目は清掃する前とそれほど変わらないのです。

2年目、やはり100人近くでゴミを拾い集めました。が、きれいになりませんでした。3年目、100人を超える大人数でゴミを拾いましたが、1、2年目と同様、ちっともきれいにならず、私たちの目の前には掃除をした形跡も感じられないくらい、汚れたままの海辺が広がっています。その光景が飛び込んできて、正直なところ無力感に打ちのめされそうになりました。「この湯の川海岸がきれいになる日は来ないのかもしれない」というマイナスの想念を打ち消すのに、私は必死でした。

大きな変化が現れたのは5年目を迎えたときです。われわれの活動を聞きつけて、近隣の人たちが同じようにゴミを拾い始めたのです。高校生のグループもあります。JC、ライオンズクラブ、老人クラブの姿も見えます。自衛隊の皆さんまで参加するようになりました。

皆さん、ご存じだったのです、われわれがゴミを拾っていることを。そして、いつ援軍に加わろうかとタイミングを計っていたのではないかと思います。たまたま5年目に集中したのは結果論で、私たちが2、3年で諦めていたら、あの方々が援軍として駆けつけてくることもなかったでしょうし、湯の川海岸がきれいに生まれ変わることもなかったでしょう。きれいに生まれ変わったといっても、ボランティア開始から7~8年経ったころで、あれだけの強力な援軍を得ても2~3年はゴミと格闘しなければならなかったのです。

いま思い返しても、あの湯の川海岸のボランティアは最高の学びの場であったと思います。前述したように、湯の川海岸はポジティブ思考の私でさえ無力感に襲われるくらい、ゴミに汚染されていたのです。それでも倦《う》まず弛《たゆ》まずゴミを拾い続けていたら強力な援軍が現れて、海辺がきれいになった。援軍が現れたのは偶然か、それとも天が差し向けたものなのか、それはわかりません。が、到達できそうもない目標であっても、黙々と努力を積み重ねていけば、いつか必ず到達できるということを体で学べたのですから、あのときのボランティアに参加した人は、目には見えざる無形の宝を天からいただいたようなものです。

ボランティアはあくまで無料奉仕です。私としては時給くらい付けてもいい、付けてやりたいという気持ちでいっぱいなのですが、時給を付けたら仕事になってしまいますし、天から直接学ぶチャンスが薄まってしまいます。それに何より、仕事になったら品性、品格が磨けなくなってしまいます。

私はよく、「天の倉に徳積みしましょう。必ず利息がついてきますから」という話をするのですが、徳を積んでいると本当にいいことが起きてくるのです。人との出会いを通した僥倖が多いようですけれど、たとえば私は2014年の6月にテレビ東京の人気番組『カンブリア宮殿』に出させていただきました。函館には優秀な企業がいっぱいあるのに、なぜラッキーピエロの王社長が？ そう考えてなかなか腑に落ちない人が多いようですが、そういう人には「天の倉にいっぱい徳積みをしたから、利息となって落ちてきたんじゃないの？」と答えることにしています。冗談で言っているのではありません。本気でそう思っているのです。

ボランティアで汗を流して天の倉に徳積みすれば、やがて利息となって返ってきます。私はそう強く信じています。よしんば返ってこなくとも、魂の感動が残ります。人が喜ぶ姿を見るのは、こんなに感動的なことなんだ。わがふるさとはこんなにも美しかったんだ、素敵な所だったんだ……。

この魂の感動を体験した人と体験していない人では、天地ほどの違いがあります。体験している人であれば、人生のあらゆるシーンで感動の記憶が蘇ってきて、無から有を生む原動力とすることができるでしょう。それこそが智恵の源泉である、魂の感動を体験した人の特権なのです。

その特権を持つ人が、函館には数えられないくらいいます。だから函館の未来は明るい。

どこよりも明るいと思います。

昨今、地方創生ということが盛んに言われるようになりました。その場合の〝創生〟とは経済の創生、ないしは再生と同意語として使われることが多いようです。たしかに、地方創生には地方経済の再生が不可欠です。

しかし、地方創生は単に経済の側面からのみ語られるべきものではなく、ふるさとに誇りを持っている〝ふるさと大好き青少年〟を育てることもまた重要なはずです。今後とも、ボランティア活動を通して一人でも多くの〝函館大好き青少年〟を育てていきたいと思っています。

MYMY運動で、道南の山を創生

函館の町の創生はこれからの課題だとしても、道南の山の創生なら私たちラッキーピエロは「貢献しました」と胸を張っていうことができます。

ラッキーピエロ1号店を出したころから「社会貢献をしたいね」「社会貢献なら植樹だね」という会話がスタッフの間では交わされていました。ちょうど地球温暖化が問題視されれはじめたころだったと思います。

「人間は1年間に1人11トンの二酸化炭素を排出している。これを相殺するには苗木を1人30本植えなければならない」といったことが盛んにいわれていました。うちのスタッフたちが「社会貢献をするなら植樹だね」と考えるようになった背景には、当時の社会的風潮があったのは確かです。理由はどうあれ、スタッフたちが植樹をやりたいといっているのを受けて、あるとき私は当時の大野町の町長さんに相談しました。

「町長さん、私どもラッキーピエロで植樹をしたいと考えているのですけれど、勝手に植えるわけにはいきません。植樹するにふさわしい場所があったら紹介してください。一時的な思いつきで言っているのではありません。10年、20年、いえ50年先までも続けるつもりです」

これに対して町長。

「本気であれば応援しましょう。あっ、そうだ。近々、北海道植樹祭がきじひき高原であるんですよ。高橋はるみ北海道知事もお見えになるから、ぜひともいっしょに植樹されたらいい」と、植樹のための場所を指定してくださいました。その場所、すなわち「きじひき高原」とは、旧大野町と旧上磯町が合併してできた北斗市にある景勝地で、函館市内から車で40分ほどの、至って便利なところです。

場所の問題が解決すれば、あとはブナの苗木を買ってきて植えるだけ。日なたでも日陰でも育ち、肥料もほとんど与える必要がないブナは植樹したあとほとんど手がかからないのです。

そのブナの苗木は当時、1本約500円。われわれは当初から1年に1回、100本ずつ植えていくことに決めていましたから、植樹にかかる費用は単純に見積もって5万円です。つまり、ラッキーピエロの会計から5万円を引き出して、どこからかブナの苗木を買ってくれば植樹はできるわけです。

それでも植樹には変わりはないのだし、いいのかもしれません。でもそれだけでは広がりが期待できません。私たちは、このたびの植樹をスタッフだけのボランティアとしてではなく、お客様をも巻き込んだ、一大ボランティア活動にしたかったのです。「巻き込んだ」というと語弊がありますが、せめて環境問題に目を向けてほしい、できることなら植樹活動への参加意識をもってほしいと願っていたのです。

それにはどういう方法があるのだろうか。私はない智恵を絞りに絞って考えました。その結果浮かんできたアイディアを説明しますと、大略、次のようになります。

まず、資源のムダ使いをストップするために、有志のお客様にMY箸、MYバッグ、MY容器を持参のうえご来店してもらいます。そして、MY箸やMY容器を使って食事をしたり、買い物の際にMYバッグを使用したりすると、「モリモリチュンチュン5コイン」というコインが渡されます。そのコインをレジ横に設置した「ブナの木植えようボックス」に入れると、コイン1枚につき5円が「ブナの木植樹活動」に寄付されたことになる……という仕組みを考え出したわけです。

勘のいい人ならすぐにお気づきになると思いますが、MY箸、MY容器を持参したからといって割引はありません。その代わり、MY箸、MYバッグ、MY容器のおかげで削減された経費（集まったコインを5円に換算したお金）を苗木代に充てようという考え方なのです。

MY箸、MYバッグ、MY容器の普及で資源のムダ使いに歯止めがかかる。そのうえ、苗木の原資もある程度、確保できるのですから、この仕組みは久々の大ヒット。思いついたわれとわが身を褒めたくなりました。が、この仕組みには看過できない欠陥がありました。

けっこうな手間がかかるのです。店が超多忙のときでも、MY箸を持参されたお客様があれば、その都度コインを手渡して、ボックスにコインを入れてもらわなければならないのです。その手間暇を考えたら、ラッキーピエロで苗木を買って植樹したほうがどれだけラクか。

でも、それでは植樹の意義が薄くなる、たとえ手間暇かかっても「私も植樹に参加している」という意識をお客様に持っていただくことが大切だ、ということで意見が集約。晴れてこの仕組みはスタートの運びとなったのでした。２００３年5月のことです。

後日、「ＭＹＭＹ運動」と命名されたこの仕組みは徹底していて、ただ単に参加意識を持ってもらうだけでなく、お客様を植樹の現場まで付き合わせ、実際にスコップを持ってもらっているのです。もちろん強制など一切なく、希望者限定ですけれど。お客様といっしょになって植樹をするレストランなんて日本国中どこを探してもないでしょう。世界にもないかもしれません。人のやらないこと、それも人の役に立つことをすることくらい、痛快なことはないと思います。

なお、最初に植樹をした北斗市のきじひき高原は、その後9年間にわたって植樹を継続した結果、スペース的に満杯になりました。そのため10年目からは場所を七飯町の大沼に移し、引き続き植樹ボランティアを展開中です。

また、２００7年5月からＭＹＭＹ運動をより強化し、持ち帰り袋の有料化に踏み切りました。ＭＹバッグを持参してこられないお客様に利用1回ごとに5円を負担していただき、ブナの植樹資金に充てるというものです。

ゴミ排出抑制対策の数々

街頭の清掃活動に海辺のゴミ拾い、そして植樹活動……ラッキーピエロの社会貢献度もだいぶ高くなってきました。しかし、レストランを営むラッキーピエロにとって第一義的に重要だったのは、ゴミの排出抑制対策でした。こちらの方面での当社の足跡を簡単に振り返っておきましょう。

ラッキーピエロでは「体に心に地域に環境にやさしく」を合い言葉に、２００１年10月から廃油のリサイクル、生ゴミの堆肥化、缶・ビン・ＰＥＴ（ポリエチレンテレフタレート樹脂、ペットボトルで有名ですね）・段ボールのリサイクル、そして前述した「ＭＹＭＹ運動」を開始しました。

まず、店舗で発生する廃油については、各店舗で廃油を濾《こ》してから密閉容器に入れ、障害者授産施設によって回収・精製が行われ、施設の車の燃料として利用されています。

ラッキーピエロ全店舗で発生する廃棄物などの30%を占める生ゴミについては、ＮＰＯ法人によって回収されたあと、ミミズ使用農法で全量堆肥化され、農家に供給されます。これにより、ラッキーピエロの生ゴミ排出量はゼロになりました。

次に、店舗で発生する廃棄物などの10%を占める缶・金属・PET・段ボールについてですが、これらは種類ごとに徹底した分別を行っており、相当量のゴミが廃棄処分からリサイクルへと移行することができました。また、空き缶やペットボトルを投入すると自動的に圧縮する装置（エコステーション）を函館市の松陰店店頭に設置し、定期的に回収を行っています。もちろん、このエコステーションは地域の空き缶も引き受けています。

店舗内でのゴミの排出抑制策も徹底しています。たとえば、ドリンク類の容器にはグラスを使うほか、食材の仕込み回数を増やし、注文をいただいてから商品をつくる（ツーオーダー）などの取り組みも行っており、食材のムダが発生しないよう徹底しています。

また、持ち帰り商品については、「このままお渡ししてよろしいですか」「袋に入れなくてよろしいですか」などの声かけ活動とともに、シェイクのフタは付けない、二重包装を廃止するなど簡易包装の徹底に取り組んでいます。

その他、環境に配慮した取り組みとして、次のようなことを行っています。

◎環境に配慮した商品（エコ商品）の購入
ナプキン・おしぼり・チラシ類・紙袋・名刺・トイレットペーパー・ペーパータオル・コピー用紙など

◎清掃活動（地域の美化活動）
湯の川海岸（年1回）、上磯海岸（年1回）、五稜郭公園周辺（年2回）、各店舗周辺の広範囲清掃（毎月1回）
◎スタッフの「環境にやさしい勉強会」
職場、家庭での省エネ、ゴミ分別を徹底すべく、ゴミ分別の実践講座、省エネ講座、ゴミ分別資料の配布、読み合わせなど

これらの活動を今後も積極的に継続することで、当社の掲げる「もっともっとやさしい宣言」を実現していきたいと考えています。

整理・整頓・清掃なくしてふるさとの再生なし

以上述べてきたように、ラッキーピエロではゴミの発生抑制策に全力を挙げる一方、心ならずもゴミを排出してしまった場合にはこれを回収（清掃）するという、二段構えの環境対策を講じているわけですが、近年、ゴミの発生抑制策がきわめて効果的に行われるようになったため、生ゴミの排出量はゼロ、容器ゴミの排出量もかぎりなくゼロに近づいて

きました。すると、「義務を果たしたんだから、店舗周りのゴミ拾いや海辺の清掃はもういいのでは」などという人がときどきいます。

ゴミの排出量がかぎりなくゼロに近づいているのにボランティアを続ける理由はただ一つ。函館が大好きで、函館の町にはいつまでも美しくあってほしいと願っているからです。散らかった家、薄汚れた家に憩いはないように思います。ふるさとも同じです。汚された町、不潔な町は人の心を蝕んで犯罪の巣をつくり、快適な生活を育むことのできない場へと変わっていくのです。

先に「割れ窓理論」というものをご紹介しました。

１９９４年、犯罪多発都市ニューヨーク市の市長選に勝利したルドルフ・ジュリアーノさんが、治安の回復を実現すべくこの理論を採用。地下鉄の落書きの消去のほか、軽微な犯罪の取り締まりを強化した結果、殺人・強盗などの犯罪が激減しました。日本でも数多の自治体がこの運動を展開しています。

私たちの場合、とりたてて「割れ窓理論」を意識することはありませんが、もし仮に私たちのボランティア活動が地域の防犯に役立っているとしたら、これほどうれしいことはありません。

前にも述べましたように、街をきれいにすることもまた地方創生、ふるさと再生の必須条件であろうと思います。

甦る「100万ドルの夜景」

函館は、たくさんの観光資源に恵まれた、北海道を代表する一大観光都市です。新撰組最後の砦となった五稜郭、まるで外国を思わせる元町の教会群、赤煉瓦倉庫が立ち並ぶベイエリア、いにしえの明治の昔をしのばせる旧函館区公会堂、何ともレトロな路面電車、抜群の新鮮さを誇る函館朝市、市電で行ける湯の川温泉、険しい海岸線が美しい立待岬……と、主な観光スポットをちょっと挙げただけでもたちまち十指に余るほどです。

しかし、函館を代表する観光スポットということになれば、標高334メートルの函館山から眺める夜景の美しさの右に出るものはないでしょう。

日本三大夜景（函館、神戸、長崎）はおろか、世界三大夜景（函館、ナポリ、香港）にも挙げられている絶景は従来「100万ドルの夜景」と形容されてきました。ところが1997年、福島県の某旅館が「100万ドルの夜景」を商標登録したことから、この言葉が函館を売り出す際のキャッチフレーズとして自由に使えなくなってしまいました。

函館のキャッチフレーズの使用権を函館とは何の関係もない福島の人が独占的に所有しているなんて、まことにもっておかしな話です。が、そういうことになった以上「100万ドルの夜景」は、もはや自由に使うことができません。

そうこうしている間に、旅館の主は商標権を買い取るよう函館市に働きかけたという話です。ところが相手にされなかったからなのか、商標権はその後、旅館の主のもとを離れ、同じく福島県内で飲食店を経営する人物の手に渡ります。この新たに登場してきた飲食店の経営者は函館とは縁もゆかりもない人物と推測されましたが、何と私の娘、未来副社長(当時は専務。この商標権問題に心を痛めておりました)の知り合いだったというのですから、世の中わかりません。さっそく未来副社長が商標権譲渡の話を持ちかけたところ、思いもよらず話はとんとん拍子で進み、最終的に破格の譲渡金で商標権を譲り受けることで決着したのでした。2007年10月のことです。

これで誰に遠慮することなく自由に「100万ドルの夜景」を使うことができる。ひと声かけていただければ、自由にこの言葉を使っていただくようにしました。あとは、いかに活用したら元気な函館を取り戻すことに役立てられるか、それを考えるだけでした。それにはできるだけたくさんの人から意見を聞いたほうがいいだろう。そう考えた未来副社長がネットで呼びかけたところ、たちまち約300人から返答がありました。そこで副社長たち300人は2008年1月1日、「日本一美しい函館100万ドルの夜景愛好会」を立ち上げ、同年12月には「第1回日本一美しい函館100万ドルの夜景愛好会サミット」を函館山山頂のクレモナホールで開催。キャッチフレーズの活用法についての討論を行うなど、元気な函館復活に向けた第一歩を記したのでした。

以来8年、愛好会サミットも8回の開催を数え、だいぶ定着してきたようです。ふるさとの活性化にはこういう草の根的な運動が不可欠です。今後の活躍に期待したいところです。

第二の開港、北海道新幹線の開通

待ちに待った北海道新幹線がいよいよ開通しました。新幹線の開通をいまや遅しと待ち望んできた道民にとってはめでたいことです。

さて、新幹線が開通することによって、函館の町はどのような影響を受けることになるのでしょうか。これを考えるとき、誰もが真っ先に〝経済波及効果〟というものを思い浮かべます。観光やビジネスにおける流入人口が増加すれば、宿泊費や飲食費、土産物代などの道内消費も増加し、年間約何百億円の経済効果が見込まれる、といった話を何度聞かされたことでしょう。そういう試算が無意味だとは申しませんが、今度ばかりはいい意味でアテになりそうもありません。なぜなら、北海道新幹線は本州と北海道を線と線で結ぶものであるからです。

飛行機のような点と点で結ぶ輸送機関であれば、流入人口を類推するにしても1便当たり何人増か、あるいは1日当たり何便増かを見れば、近似値を導き出すのにさほど苦労しなくて済みます。

ところが、北海道新幹線は本州と北海道とを線と線で結ぶのです。これが何を意味しているかというと、たとえば東京から仙台まで所用で来たものの「せっかくだから函館まで足を延ばしてみるか」というトリッキーな動きをする人の数までは読めないということです。そういう動きをする人がたくさんいるのか、いるとしても少数なのか、それは誰にもわからない。が、北海道新幹線が線と線で結ばれるかぎり、われわれの計算外のエネルギーが内包されているのは間違いなく、そのエネルギーがとてつもなく大きなものである可能性も捨てきれません。

じつはこの間、金沢へ行ってきました。もちろん、北陸新幹線開通後の変化を調べるためですが、どこで訊いても3割ほど売り上げがアップしたといいます。そういう返事が返ってくるであろうことは想定していました。ただし、私が訪問したのは新幹線開通7カ月後でした。３割アップの状態が続いているという話にはいささか驚かされました。

なぜだろう。首都圏からの観光客がいまなお押し寄せてきているのだろうか。不思議に思って理由を尋ねると、富山や長野など近隣からの観光客が引きも切らないのだとか。さらに、近隣からの観光客のなかには新幹線を利用しない人も多数含まれているらしい、ということもおっしゃっていました。まあ、あれだけメディアが金沢を取り上げたのですから、新幹線開通と関係ない地域の人々までもが「昔の金沢とは違うらしい。久し振りに行ってみるか」という気分になったとしても不思議ではありません。

一言でいえば、新幹線開通がもたらした意外な効用ということになるのでしょうが、函館の場合、札幌近辺からどの程度、観光客が来訪するか。そこが大きなポイントになるような気がしてなりません。

北海道新幹線が開通すれば、宿泊施設と交通施設は間違いなく潤います。われわれのような飲食業も潤うでしょう。が、これを一過性のブームで終わらせないためには、迎える側のわれわれにおもてなしの精神がなくてはなりません。おもてなしの精神と聞くと「何をしてもてなしたらいいのか、わからない」と頭を抱え込む人がいますが、そんなに難しく考える必要はありません。できることからやればいいのです。

私は地元の商店主の会合でトイレの開放を提案しました。ラッキーピエロのボランティア活動の原点となった、あのトイレの開放です。トイレを開放するだけですから設備投資は不要だし、「気持ちさえあればいますぐにでも始められる。トイレを借りるほうも「ああ、親切な町だなぁ」といういい印象しか残らない。これはぜひとも商店街として実践に移すべきだ。そう考えて提案しました。

函館の町ごとトイレ開放区にしてしまえば非常に面白いのではないかと秘かに思っています。そういうことをやっている都市は、私の知るかぎりないはずで、やると宣言しただけで全国的話題になると思うのですが。

北海道新幹線の話題になると、どうしても経済中心の話になりがちですが、私が個人的に注目しているのは、文化交流ないしはスポーツ交流です。これまでは、ふさわしい施設が乏しかったからか、はたまた人の移動が困難だったからか、文化交流にしてもスポーツ交流にしてもあまり活発ではありませんでした。でも、人の行き来が容易になったこれからは違います。現に5000人収容のスタジアムも完成し、すでにスポーツ交流が始まっています。

函館はいま、第二の開港のときを迎えているのです。新幹線開通をテコにして、どこまでも高く大きく羽ばたいてほしいと願ってやみません。

函館と共に未来を切り拓く

北海道新幹線・新函館北斗駅から車に乗って7分ほどで、峠下総本店に到着します。この店は２０１２年秋、16番目に開店した店です。第1章でも紹介しましたが、約３０００坪の敷地に約３００坪のログハウス風の建物、座席数は２０８席とラッキーピエロの中で最も大きな店舗となっています。

峠下総本店のテーマは「バードウォッチング」で、店内にはさまざまなオブジェや絵画をあしらって多くの種類の鳥が店内を飛んでおり、双眼鏡を使ってこれを観察するバードウォッチング台もあります。また敷地内には果樹園やハーブガーデンがあり、池には季節になるとアイガモが泳ぎます。自然豊かな風景にとけ込むメリーゴーランドは、春先から秋にかけて土日祝日の運行で、子どもたちを楽しませています。

祖父母と両親、子どもたちの3世代がのんびりと1日を過ごしてもらいたい――そんな願いを込めてつくったお店です。

道南地域でも郊外型の立地ですので、冬は車の運転にストレスを感じるお客様も多く、開店当初は来店数に伸び悩むこともありましたが、いまは30万個のＬＥＤイルミネーションを使った「光の森」が冬のイベントとして話題になり、繁盛するようになりました。北海道一円からお客様をお迎えする大型店に成長してくれましたし、これからは新幹線がお客様を運んでくれることでしょう。

そして2015年4月には、17番目のお店「マリーナ末広店」がオープンしました。第1号店であるベイエリア本店からは目と鼻の先、歩いて2分ほどの場所にあります。

じつは私は、ベイエリア本店の周辺の土地を買い取って、近い将来この店を拡充しようと準備していました。それも、峠下総本店が順調に成長したことを見届けてから、ゆっくり着手しようと考えていました。ところが、今回ご縁があって新しい店を、しかも海に突き出た絶好のロケーションの店を開くことができました。峠下の店ができたころには「山もいいが次は海だ」と、そんなことを言っていたのですが、まさかこんなに早く実現するとは思いませんでした。

函館の観光名所、金森赤レンガ倉庫前に位置するマリーナ末広店は、峠下総本店とは異なり、観光のお客様やショッピングのお客様を対象としました。家族連れというよりは、たとえば、成人した娘さんとそのお母さんが買い物の途中で立ち寄ってくれる店という方向づけです。お店の雰囲気もお子様を意識した峠下総本店とはまったく違う大人の雰囲気です。

こうして挑戦した、趣の異なる2つの店がそれぞれ好成績を上げてくれました。年間来客者数で見ると、峠下総本店が32万人、マリーナ末広店が20万人と、どちらも私の予想を遥かに超えた結果を残してくれています。いま、この2つの新店舗が車の前輪として残りの15店舗を牽引してくれる体制が整いつつあります。

2017年春には、2番目に古いエルビス・プレスリーをテーマとした「港北大前店」がリニューアルオープンされる予定です。現在の38席から110席の大型店に衣替えします。さらに進化したラッキーピエロをつくる好機が訪れています。

こうした未来が描けるのも、函館という土地に根づき、地域と共に生きてきたからだと確信しています。

はじめに地元ありき

「地産地消」「地産地食」という言葉が流行る以前、12年も前から、私たちは農家の人たちと手を組み、地元産の食材にこだわってきました。はじめに地元ありき。地域の発展に役立つだろうという考えから行った地産地食が、思わず注目を集めたというのが、本当のところです。

地域が発展してそのおこぼれに私たちは預かる――これがラッキーピエロの考え方です。私たちのためにレタスを供給してくれている農家の皆さんの顔が、すぐに思い浮かびます。

「今年は雨にたたられて、質がいま一つなんだよね。ゴメンね」と、素直な言葉がいただける関係です。不作の年には「北海道はもうムリだから、早く長野に手配した方がいいよ」と私たちの心配をしてくれます。また、トマトは半年間のリレーゲームです。滞ることなく商品が過不足なく届いた年には、「今年もちゃんと行けたね」とわが事のように喜んでくれます。いわゆる「契約栽培」などというものではなく、共に生きる運命共同体というのが現実を表しています。

ラッキーピエロと農家さんの間には八百屋さんが入っていて、私どもの「誰々からレタスを入荷してください」との指示を受けて、きちんと品物を届けてくれます。北海道の野菜は約半年しか入荷できません。そこで、残りの半年は、今度は八百屋さんが大活躍して全国から野菜を調達してくれます。

おコメもお肉も同じです。生産者と流通事業者と農協さんが、皆が一つになって生きています。

1987年に1号店を開店して以来、新しいマーケティングの手法を駆使して、地元のお客様との絆を深めてきました。その際に最前線で活躍してくれたのも、スタッフとなった地元の人々です。ボランティア活動にもさまざまな方々に参加していただいています。お客様やスタッフ、生産者、その他お取引先、ボランティアに参加していただける方々……そのすべてとの出会いが、私の喜びです。この出会いのなかで共に体験し、学び、肩を貸し合いながら人生を向上させる。地域に根差し、地域を愛し、地域に育てられ、恩返しをする。これができることで、繁盛する店をつくることができました。

私が理想とする経営がここにあります。

あっという間のようでいて、じつは長い時間がかかりました。そしてまだやるべきことはたくさんあります。環境問題は、それこそ一朝一夕に解決するものではありません。おかげさまで、2006年には「北海道ゼロ・エミ大賞」、2007年には「環境大臣優秀賞」を受賞しました。これも共に活動していただいた皆さんの成果であり、もっと地域と一体になって活動しなければいけないと考えています。

企業と地域とのかかわり方について、ささやかな成功事例をつくれたのではないかと自負しています。これをもっと太い幹に育てるべく、もう少し頑張っていきたいと思います。

あとがき

私はいまでこそ函館の地にどっしりと根を下ろしていますが、函館生まれで函館育ちの、いわゆる函館っ子ではありません。私の出身地は神戸です。

１９４２年、港町神戸で化粧品や反物を扱う華僑の家に５人兄弟の長男として生まれた私は、いたって伸びやかな少年時代を過ごしました。少年時代から私には、少しばかり凝り性なところがあり、こうと思ったらとことんやらなければ気が済まない質でした。

そんな私が最初に虜になったのはサーカスでした。家の近くに生田神社という大きな神社があって、毎年決まった季節になると境内にサーカスがやってきて公演をします。私は真っ先に駆けつけて思いきりサーカスを堪能しました。一回観ただけで満足できるわけもなく、きっと凝り性のなせるわざ、私は来る日も来る日もサーカス小屋の周辺をウロつきました。すると、係のおじさんが「内緒だからね」とタダで入れてくれたこともありました。

なぜそこまでサーカスに夢中なったのか、なれたのか。自分でも不思議というほかありません。すでにお気づきのことと思いますが、「ラッキーピエロ」という店名は、私の原体験ともいうべきサーカスへの思い入れがもとになっています。

サーカスの象徴であるピエロ。これはいい。ぜひとも店名に使いたい。でも、ピエロという言葉にはそこはかとなくもの哀しい響きがある。このもの哀しい響きを消すにはどうしたらよいか。そうだ、子どものころに共に野山を駆けめぐった愛犬の名、すなわちラッキーを冠につければ明るい楽しいイメージになるのではないか……。かくして「ラッキーピエロ」という店名に決まった次第です。

私は高校を卒業すると故郷の神戸を離れ、千葉県の叔父が経営する商社に預けられることになりました。ここで約3年懸命に働き、商売のイロハを直接叔父から教えてもらうことができました。その後、私は21歳で独立。千葉県市原市に小さな中華料理店を出しました。30人ほどが入れる規模の店で、出店に際しては横浜中華街で働く父の友人の料理人が手伝いに来てくれて、私に本格的な中華料理のつくり方を仕込んでくださいました。おかげでそこそこ評判の店になりもう一軒お店を開きましたが、私としては決して満足できるものではありませんでした。そんな折に転機が訪れました。それが函館訪問でした。

函館は26歳にして初めて訪れた町でしたが、一目見るなり私は気に入ってしまいました。港を船が行き交い、異国情緒豊かな風情はわが生まれ故郷神戸とそっくりで、函館の町に居るだけでなぜか心が落ち着くのです。ああ、できることならこの町に住みたい。そう思うと矢も盾もたまらず、翌年には住民票を移動し、私は函館の人になっていました。以降、函館での経歴は本書に書いたとおりです。

会社の使命とは、事業を通じて人々の幸せに貢献することにあると考えています。幸福を追求しながら、地域の人々と助け合い、協力し合い、得られた幸福を分かち合いたい……そんな思いで30年近くを過ごしてきました。

この思いをラッキーピエロという会社の文化に組み込んでいくことがとても大切でした。そのためにつくった企業理念が「お店はお客様が喜び満足するためにありスタッフと共に栄える」です。

ラッキーピエロの毎年の「新年感謝会」は、直接のお客様から生産者の皆さん、流通業者さんなど、かかわりのある皆様に感謝する日と決めています。この日、会の冒頭でスタッフはお客様の前でこの理念を唱和します。その元気度、真剣度をお客様に知っていただきます。

理念がしっかり根づいているかどうかはお客様のアンケートにも現われます。スタッフの応援についてお褒めいただくような文面のアンケート結果が増えていれば、これは理念の共有がうまくいっている証拠です。「何のために仕事をしているか」について皆が一致していれば、どのスタッフに対してもお客様は感謝して接していただける。そうなるよう、私はスタッフに手紙を書き続けています。

安心して任せられる私のスタッフたちは仲間であり、同志です。スタッフと共に函館の町を元気にしたい。そのために私は、これからも頑張っていきたいと思います。

本書の出版にあたって、ご協力いただいた関係者の皆様にお礼申し上げます。そして、この本を手にしてくださった皆様に心より感謝申し上げます。

2016年5月

ラッキーピエロ社長
王　一郎

［著者］

王 一郎（おう・いちろう）

ラッキーピエログループ代表
1942年、神戸市生まれ。1987年、ハンバーガーレストラン「ラッキーピエロ」を創業し、現在17店舗を展開中。「異体験で驚かす！ 1つとして同じものがない！ お客様と密着する！」といった超個性的な店づくりで、北海道道南地域に異彩を放つファストフードチェーンをつくり上げた。経営理念である「お店はお客様が喜び満足するためにありスタッフと共に栄える」をモットーに、地域密着で地産地食、環境にやさしい経営を実践している。
一方で、小・中学校、高等学校、大学などで多くの講演活動を行うかたわら、B級グルメの食べ歩きという趣味を持つ（すでに3000店を突破）。
『カンブリア宮殿』『がっちりマンデー!!』などテレビ出演多数。
著書に『B級グルメ地域No.1 パワーブランド戦略』（商業界）がある。
ホームページ：http://luckypierrot.jp/
Eメール：lucky@lplp.jp

美味しい、楽しい、感動があるから、お客様は来てくれる
ダントツ地域No.1 ハンバーガーチェーン・ラッキーピエロの独自化戦略

2016年6月23日　第1刷発行

著　者――――――王 一郎
発行所――――――ダイヤモンド社
〒150-8409　東京都渋谷区神宮前6-12-17
http://www.diamond.co.jp/
電話／03-5778-7235（編集）　03-5778-7240（販売）
装丁＆本文デザイン――ジュリアーノ・ナカニシ
編集協力――――――陣内一徳（アーカイブ）
製作進行――――――ダイヤモンド・グラフィック社
印刷――――――――八光印刷（本文）・共栄メディア（カバー）
製本――――――――加藤製本
編集担当――――――花岡則夫・中鉢比呂也

ISBN 978-4-478-06849-6